Organización de las prestaciones de servicios funerarios

Raquel Alonso Reyero

ic editorial

Organización de las prestaciones de servicios funerarios
© Raquel Alonso Reyero

1ª Edición

© IC Editorial, 2025

Editado por: IC Editorial
c/ Cueva de Viera, 2, Local 3
Centro Negocios CADI
29200 Antequera (Málaga)
Teléfono: 952 70 60 04
Fax: 952 84 55 03
Correo electrónico: iceditorial@iceditorial.com
Internet: www.iceditorial.com

ISBN: 978-84-1184-996-8
Depósito Legal: MA-1201-2025

Impresión: PODiPrint
Impreso en Andalucía – España

Nota de la editorial: IC Editorial pertenece a Innovación y Cualificación S. L.

Presentación del manual

El **Certificado de Profesionalidad** es el instrumento de acreditación, en el ámbito de la Administración laboral, de las cualificaciones profesionales del Catálogo Nacional de Cualificaciones Profesionales adquiridas a través de procesos formativos o del proceso de reconocimiento de la experiencia laboral y de vías no formales de formación.

El elemento mínimo acreditable es la **Unidad de Competencia.** La suma de las acreditaciones de las unidades de competencia conforma la acreditación de la competencia general.

Una **Unidad de Competencia** se define como una agrupación de tareas productivas específica que realiza el profesional. Las diferentes unidades de competencia de un certificado de profesionalidad conforman la **Competencia General,** definiendo el conjunto de conocimientos y capacidades que permiten el ejercicio de una actividad profesional determinada.

Cada **Unidad de Competencia** lleva asociado un **Módulo Formativo,** donde se describe la formación necesaria para adquirir esa **Unidad de Competencia,** pudiendo dividirse en **Unidades Formativas.**

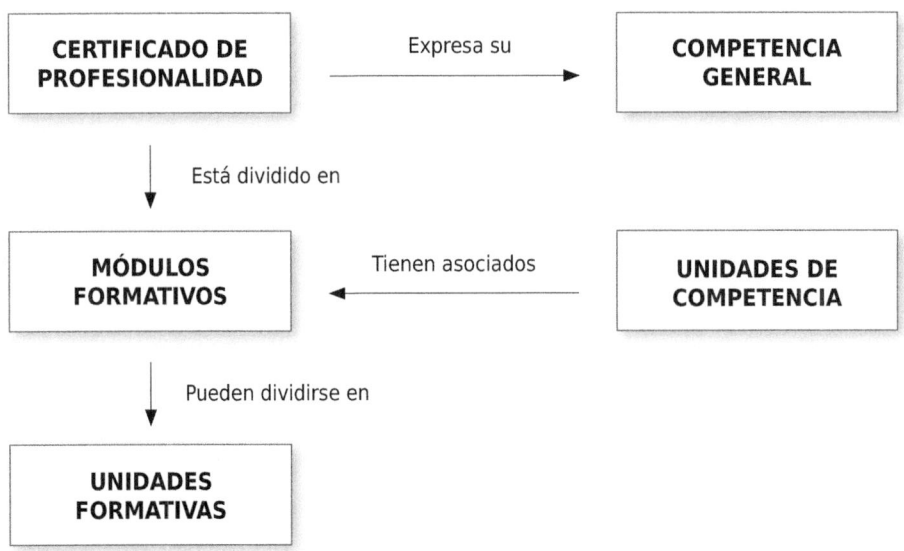

El presente manual desarrolla el Módulo Formativo **MF2009_2: Organización de las prestaciones de servicios funerarios,**

asociado a la unidad de competencia **UC2009_2: Organizar las prestaciones de servicios funerarios,**

del Certificado de Profesionalidad **Atención al cliente y organización de actos de protocolo en servicios funerarios.**

MF2009_2 **ORGANIZACIÓN DE LAS PRESTACIONES DE SERVICIOS FUNERARIOS**	Tiene asociado el ←	**UNIDAD DE COMPETENCIA UC2009_2** Organizar las prestaciones de servicios funerarios

FICHA DE CERTIFICADO DE PROFESIONALIDAD

(SSCI0312) ATENCIÓN AL CLIENTE Y ORGANIZACIÓN DE ACTOS DE PROTOCOLO EN SERVICIOS FUNERARIOS

(R. D. 990/2013, de 13 de diciembre)

COMPETENCIA GENERAL: Realizar trabajos de atención e información en la demanda de prestación de servicios funerarios, tanto en la contratación y prestación del mismo, como durante su desarrollo, atendiendo de manera personalizada las demandas de los/as solicitantes, familiares y/o personas usuarias y organizando la prestación y los actos de protocolo del servicio funerario aplicando criterios de calidad.

Cualificación profesional de referencia	Unidades de competencia		Ocupaciones o puestos de trabajo relacionados
SSC608_2: ATENCIÓN AL CLIENTE Y ORGANIZACIÓN DE ACTOS DE PROTOCOLO EN SERVICIOS FUNERARIOS (R. D. 1035/2011, del 15 de julio)	UC2008_2	Atender e informar en la demanda de prestación de servicios funerarios y realizar las operaciones de cobro.	• Asesor de ventas de productos y servicios funerarios. • Asistente de gestión funeraria. • Agente de contratación de servicios funerarios. • Auxiliar de gestión funeraria. • Auxiliar de protocolos de servicios funerarios. • Auxiliar de asistencia de servicios funerarios.
	UC2009_2	Organizar las prestaciones de servicios funerarios.	
	UC2010_2	Organizar los actos de protocolo funerario y actividades de asistencia a la persona solicitante, familiares y/o personas usuarias.	

Correspondencia con el Catálogo Modular de Formación Profesional

Módulos certificado	Unidades formativas	Horas
MF2008_2: Atención e información de la demanda de prestación de servicios funerarios y realización de las operaciones de cobro		80
MF2009_2: Organización de las prestaciones de servicios funerarios		80
MF2010_2: Organización de los actos de protocolo funerario y actividades de asistencia a la persona solicitante, familiares y/o personas usuarias		80
MP0508: Módulo de prácticas profesionales no laborales		40

Índice

Unidad de Aprendizaje 3
Organización y coordinación con los departamentos implicados en la prestación del servicio funerario

Unidad de Aprendizaje 4
Aplicación de la normativa básica aplicada a la gestión de los servicios funerarios

[4]

Análisis de la documentación oficial, legal e interna vinculada a la prestación del servicio funerario

Contenido

Objetivos

Los objetivos específicos de esta Unidad de Aprendizaje son:

→ Aplicar técnicas de solicitud y organización de documentación legal, oficial e interna vinculada a la prestación del servicio funerario, teniendo en cuenta la normativa vinculada a la gestión del servicio funerario y de protección de datos, atendiendo a la calidad en el proceso.

→ Identificar los datos y documentos necesarios para la prestación del servicio funerario, indicando el proceso de validación de los mismos.

1. Introducción

La prestación de servicios funerarios no solo requiere de sensibilidad y empatía, sino también de un manejo diligente y competente de una amplia gama de documentación oficial, legal e interna. La documentación es esencial para cumplir con todas las normativas legales, así como para garantizar que el servicio prestado sea conforme a las expectativas y necesidades de las familias afectadas por el fallecimiento de un ser querido.

Este proceso burocrático comienza con la identificación adecuada de la persona fallecida, que incluye la presentación de documentos identificativos oficiales, como el DNI, la tarjeta de residencia o el pasaporte. Estos documentos juegan un papel vital, ya que son necesarios para iniciar cualquier trámite relacionado con el deceso.

La correcta gestión de la documentación de defunción es crucial; sin estos documentos, no se podría llevar a cabo el desarrollo del servicio funerario.

Por ejemplo, una inhumación o una incineración no pueden realizarse sin una licencia de sepultura, la cual requiere de la tramitación de toda la documentación previa.

También es fundamental entender y cumplir con la documentación legal vinculada al proceso, que incluye permisos y autorizaciones para procedimientos especiales, como la incineración o el traslado del cuerpo, ya sea dentro del territorio nacional o internacional.

En el ámbito de la documentación interna, las empresas funerarias deben realizar un manejo cuidadoso y eficiente de los documentos, tanto de forma manual como a través de sistemas informáticos. Esto incluye la custodia de la información, su procesamiento y la disposición final, y es imperativo que tal gestión cumpla estrictamente con las normativas de protección de datos en vigencia.

En algunos casos, especialmente cuando hay involucrada una repatriación, es necesario coordinar con embajadas y consulados, lo que añade una capa adicional de complejidad al procedimiento administrativo.

En suma, el análisis detallado de la documentación oficial, legal e interna necesaria para la prestación del servicio funerario no solo asegura el cumplimiento de las leyes, sino que también es un factor clave para ofrecer paz a las familias en un momento de pérdida. La correcta y eficiente gestión documental no solo refleja la profesionalidad del servicio funerario, sino que también garantiza que el proceso se desarrolle de manera ordenada, respetuosa y según lo previsto.

A lo largo de este contenido, vamos a ver el caso de Gustavo, un chico de 30 años que trabaja en una empresa de servicios funerarios, está ubicado en el Departamento de Administración y se ocupa especialmente del proceso documental relacionado con los servicios. Gustavo ya lleva 5 años en su puesto de trabajo y, por lo general, la documentación suele ser monótona y rutinaria, pero en ocasiones requiere de algo más de complejidad.

2. Documentación necesaria para la prestación del servicio funerario

👉 HILO CONDUCTOR

Gustavo trabaja en la funeraria Villa Cielo. Es una funeraria pequeña, pero con un volumen alto de trabajo. Al llegar a la oficina, a las 8:00 h, sus compañeros le han dejado preparada la documentación de un fallecido recogido en el transcurso de la noche. Gustavo tramitará esa documentación y gestionará la que sea necesaria para seguir con el servicio.

La preparación y gestión de un servicio funerario requiere el manejo minucioso de una serie de documentos oficiales, legales e internos, que garantizan la conformidad con las normativas vigentes y facilitan la prestación eficaz y respetuosa de los servicios al cliente. Esta unidad proporciona una guía sobre la documentación necesaria, su propósito y la manera en que cada pieza contribuye al proceso de organización de un servicio funerario.

El correcto conocimiento de la documentación y sus normativas también permitirá dar una información adecuada y veraz a los familiares de la persona fallecida.

2.1. Identidad de la persona fallecida: DNI, tarjeta de residencia, pasaporte, entre otros

Identificar de manera precisa y oficial a una persona fallecida es un aspecto vital en la organización de los servicios funerarios. En este apartado, veremos las herramientas fundamentales para identificar a una persona fallecida, tales como el documento nacional de identidad (DNI), la tarjeta de residencia, el pasaporte y otros documentos relevantes. También exploraremos cómo estos documentos se utilizan en el contexto del servicio funerario:

1. **El documento nacional de identidad (DNI):** es uno de los documentos más comunes para identificar a un ciudadano en muchos países. Este documento no solo contiene información esencial, como el nombre completo, la fecha de nacimiento y la foto de la persona, sino que también incluye el número de identificación único que es indispensable para cualquier trámite oficial relacionado con la persona. En el contexto funerario, el DNI del fallecido es utilizado para verificar su identidad, asegurar que los servicios prestados son para la persona correcta y rellenar correctamente la documentación del fallecido.

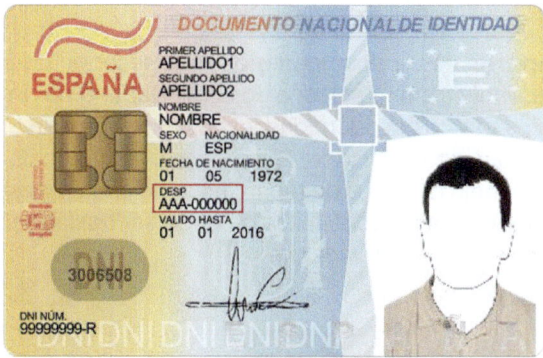

Modelo de DNI (documento nacional de identidad)

2. **Tarjeta de residencia:** esta tarjeta identifica a personas que no poseen la nacionalidad del país donde residen, pero tienen permiso para vivir allí por un periodo prolongado. La tarjeta de residencia contiene información clave similar a la proporcionada por un DNI, como la fotografía y los datos personales, además de establecer el estatus legal del individuo en el país de residencia. En los servicios funerarios, este documento puede ser especialmente relevante en situaciones donde el fallecido sea un expatriado o inmigrante.

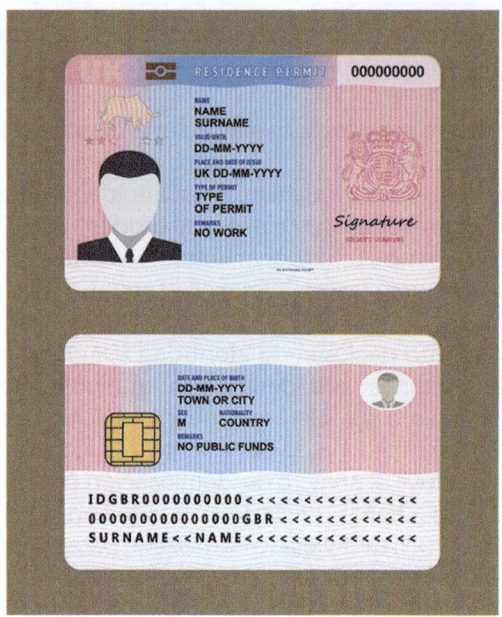

Tarjeta de residencia de persona extranjera

3. **Pasaporte:** es un documento de viaje reconocido internacionalmente que identifica a una persona como ciudadano de un país. Aparte de los detalles básicos de identidad, el pasaporte provee un registro de la nacionalidad de la persona. Este aspecto es particularmente importante en el manejo de casos de repatriación de cadáveres, es decir, cuando el cuerpo de una persona fallecida debe ser trasladado de un país a otro para su entierro o cremación.

Pasaporte de España

4. **NIE:** es el número de identidad de extranjeros de carácter personal, único y exclusivo. Si la persona extranjera va a quedarse en el país más de tres meses, no es suficiente con su pasaporte y debe inscribirse en la oficina de extranjeros de la comisaria de policía, donde se le dispensará el número de identificación de extranjeros. Figurará en todos los documentos que se le expidan o tramiten (tarjeta de residencia o pasaporte). Es expedido por la Dirección General de la Policía y tiene validez nacional. El NIE es un número que aparece en un documento y, por diferentes razones, la persona puede portarlo impreso en formato papel (comúnmente certificado de no residente) o en formato tarjeta.

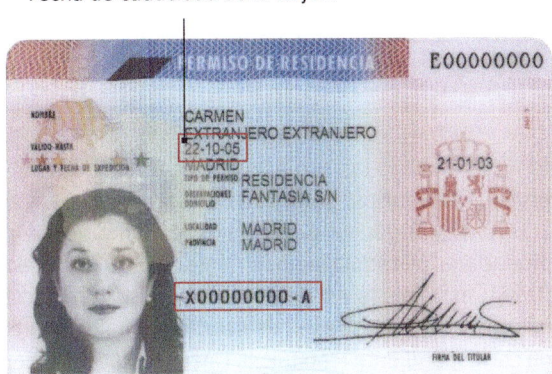

NIE de persona extranjera

Además de los mencionados, existen otros documentos que pueden validar la identidad de una persona fallecida y que son proporcionados por las instituciones que se encargan del registro civil. Entre estos se encuentran certificados de nacimiento y certificados de matrimonio (en caso de que el fallecido fuese casado).

En situaciones con complejidades adicionales, como en el caso de individuos sin hogar o personas que no poseen documentos, se requiere una intervención distinta. Aquí entran en juego instituciones gubernamentales competentes en trabajo social y entidades responsables de la identificación de cuerpos en situaciones de emergencia, las cuales podrán facilitar documentos supletorios o certificados de identidad *post mortem*.

Para un manejo ético y respetuoso durante el proceso de organización funeraria, es importante coordinarse con entidades responsables de la documentación oficial de los fallecidos. Las entidades gubernamentales son cruciales para este proceso, y su cooperación asegura que los servicios funerarios se puedan prestar de manera ordenada, asegurando, además, que se identifique correctamente al fallecido para prevenir errores que puedan afectar tanto a la memoria del difunto como a los sentimientos de los familiares supervivientes.

En conclusión, el correcto análisis y manejo de documentos tales como el DNI, la tarjeta de residencia y el pasaporte, junto con una cuidadosa verificación de otros documentos legales, son esenciales para asegurar que las prácticas funerarias se realicen de manera responsable y conforme a la normativa vigente. Mantener un enfoque ético y legal en la identificación del fallecido favorece tanto la integridad del proceso como el consuelo y la confianza de los familiares.

IMPORTANTE

Para poder llevar a cabo las actuaciones y trámites que integran la prestación de los servicios funerarios, se precisa de la documentación de identificación personal. En la Ley Orgánica 4/2015, de 30 de marzo, de protección de la seguridad ciudadana, se regula la documentación e identificación de las personas en España. En esta ley se establecen derechos y obligaciones para todos los ciudadanos en territorio español, ya sean nacionales o extranjeros, y su documentación correspondiente (capítulo II, Documentación e identificación personal, artículos 8, 9, 10, 11, 12 y 13).

2.2. Documentación relacionada con la defunción: Certificado de defunción, orden de recogida judicial, entre otros

En el proceso de gestionar los servicios relacionados con el fallecimiento de una persona, la documentación juega un papel fundamental, tanto a nivel legal como operativo. En este apartado, nos enfocaremos en los documentos relacionados directamente con la defunción.

Certificado médico de defunción

El certificado médico de defunción es el documento oficial que certifica la muerte de una persona y supone el paso previo e imprescindible para poder recoger al fallecido y proceder a su traslado en casos de fallecimiento no judiciales. Es un documento fundamental para registrar oficialmente la muerte de una persona y suele requerirse para diversos trámites legales y administrativos, como la inscripción de la defunción en el registro civil.

En este documento, el médico dejará reflejados dos grupos de datos:

Datos del médico colegiado que certifica la muerte

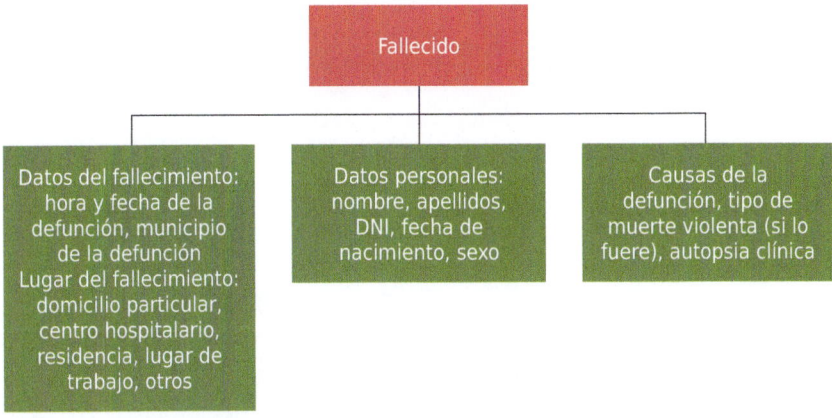

Datos de la persona fallecida

Será imprescindible que todos los apartados estén completados y con la firma correspondiente; de no ser así, el certificado médico de defunción no será válido para la certificación de fallecimiento y el siguiente proceso de documentación.

CERTIFICADO MÉDICO DE DEFUNCIÓN

OMC
ORGANIZACIÓN
MÉDICA
COLEGIAL DE ESPAÑA

Colegio de _____

000999993

Nº Certificado

CLASE 3ª SERIE A

3,48 Euros. Derechos autorizados, I.V.A. incluido

D. / Dña. _____

en Medicina y Cirugía, colegiado/a en _____ , con el número _____

y con ejercicio profesional en _____

CERTIFICO la defunción de

Nombre del fallecido/a:

1ª Apellido del fallecido/a:

2º Apellido del fallecido/a:

Fecha de nacimiento   Día   Mes   Año   Sexo: Varón   Mujer

Documento de identidad:
D.N.I.   Número: —
Pasaporte   Número:
N.I.E. (Tarjeta de Residencia)   Número: —   —

Hora y fecha de la defunción   Hora : minutos   :   Día   Mes   Año

¿En qué lugar ocurrió la defunción?

Domicilio particular   Centro hospitalario   Residencia socio-sanitaria   Lugar de trabajo   Otro lugar

Causas de defunción (ver instrucciones al dorso)   Intervalo de tiempo aproximado[1]

I.   Causa inmediata[2]
(a)

Horas   Días   Meses   Años

Debido a ↓

Causas antecedentes[3]
(b)

Horas   Días   Meses   Años

Debido a ↓

(c)

Horas   Días   Meses   Años

Debido a ↓

Causa inicial o fundamental[4]
(d)

Horas   Días   Meses   Años

II.   Otros procesos[5]

Horas   Días   Meses   Años

¿Ha habido indicios de muerte violenta?   ¿Se practicó autopsia?
Sí   No   Sí   No

¿La defunción ha ocurrido como consecuencia directa o indirecta de?:   (marcar si procede)

Accidente de tráfico   Accidente laboral   Fecha del mismo: Día   Mes   Año

En _____ , a ___ de _____ de _____   Firma del médico

1 2 3 4 5 (ver instrucciones al dorso)   Mod. CMD-BED   01

Certificado médico de defunción

Certificado de defunción

El certificado de defunción es el documento oficial que acredita el fallecimiento de una persona. Incluye un resumen de la información que consta
en el registro civil sobre el fallecimiento si es un extracto, o toda la información si es literal. Para los trámites administrativos *post mortem* hay que
solicitar el literal, ya que es una copia literal de la inscripción de defunción
previamente realizada.

Lo expide el registro civil donde se inscribió al fallecido. Este documento
oficial es el válido para todas las gestiones legales y administrativas que tengan que realizar los familiares como, por ejemplo: tramitación de herencias,
bajas de suministros, cuentas bancarias, trámites de pensiones, etc.

Este tipo de certificado corresponde a la modalidad de certificado positivo.
Sin embargo, también existe la modalidad de certificado de defunción negativo, el cual acredita que no está inscrito el fallecimiento de la persona en
el registro civil.

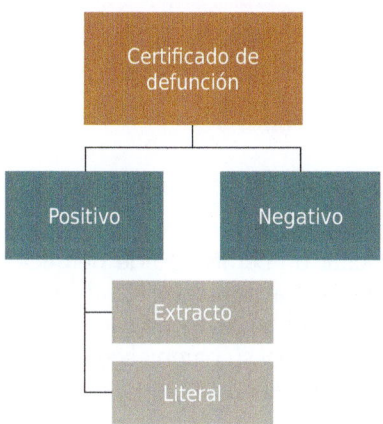

Puede ser solicitado por cualquier ciudadano que lo requiera (con excepciones legales que lo impiden sin una autorización especial), acreditando
su identidad, parentesco con el fallecido y facilitando los datos del fallecido
y su correspondiente fecha de fallecimiento.

Hay que esperar varios días para solicitarlo (previamente ya se habrá realizado la inscripción de la defunción). Los días variarán dependiendo del
registro civil competente al municipio del fallecimiento; de manera general,
suelen ser de 1 a 10 días laborables.

Esta gestión de solicitud se puede realizar de manera presencial, telemática o por correo postal.

Solicitud presencial

Acudiendo personalmente el interesado al registro civil donde esté inscrito el fallecimiento, aportando el DNI de la persona que solicite el certificado.

Se deberá indicar nombre, apellidos del fallecido, y fecha y lugar de fallecimiento. A continuación, debe indicarse qué tipo de certificado se desea:

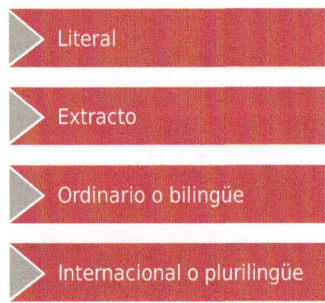

Solicitud por correo

Si se quiere solicitar un certificado de defunción por correo ordinario, se puede enviar una carta al registro civil indicando claramente el nombre y la dirección postal a la que se vaya a enviar el certificado e identificando quién es la persona solicitante y su parentesco con la persona fallecida. Deberán hacerse constar en la solicitud los siguientes datos:

- Nombre, apellidos y DNI de la persona que solicita el certificado
- Nombre y apellidos del fallecido
- Lugar y fecha del fallecimiento

Se debe indicar el tipo de certificado que se requiere y, finalmente, hay que dejar un teléfono de contacto donde se le pueda localizar para el caso de que haya que aclarar algún dato.

Solicitud telemática

Se accede a la página web de trámites _online_ del Ministerio de Justicia:

https://redirectoronline.com/mf20090101

Se requerirán todos los datos mencionados anteriormente, tanto del solicitante como de la persona fallecida.

Para poder realizar dichos trámites de forma telemática, debes identificarte o bien con certificado digital o con otro tipo de claves de identificación personal:

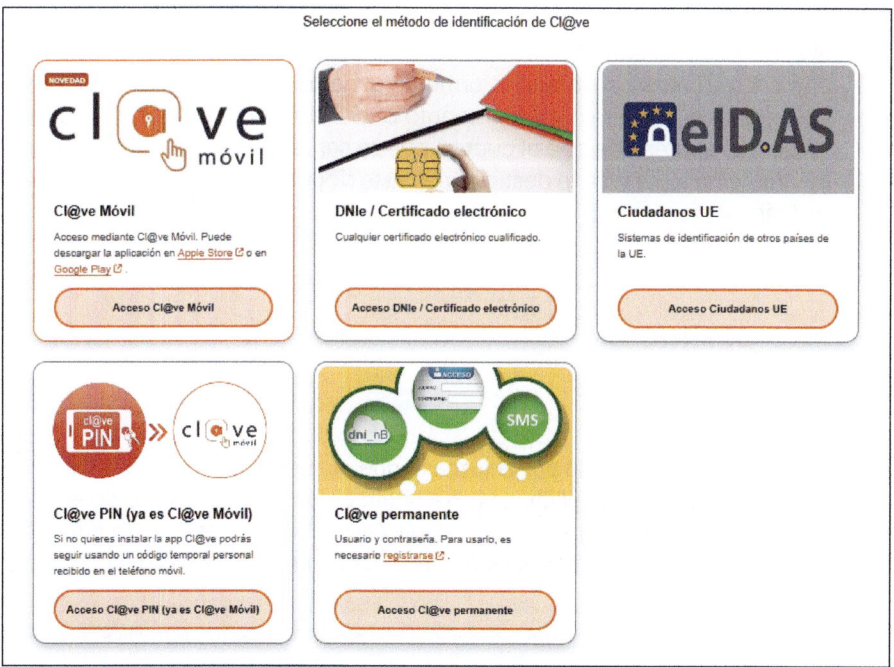

Solicitud telemática

Orden de recogida judicial

Cuando una defunción no queda perfectamente aclarada o se precisa la investigación sobre causas que pueden intervenir en la muerte, las competencias pasan a la autoridad judicial encargada del asunto: el juzgado de instrucción del municipio donde se produjo el fallecimiento. En este caso, el juzgado se hace cargo y el despacho judicial correspondiente ordena el traslado del cuerpo al instituto anatómico forense asignado, donde se realiza una autopsia médico legal para determinar la causa de defunción definitiva.

En el año 2012, la Administración de Justicia estipula que un servicio judicial será realizado por una funeraria única o varias dentro del municipio, que se repartirán los avisos en alternancia, y que se encargarán de recoger y trasladar el cuerpo. Este servicio de recogida judicial puede ser gratuito para las familias o no, dependiendo de la comunidad autónoma.

Una vez realizado el transporte, y los procesos requeridos, la familia será quien decida y contrate la funeraria que se encargará de celebrar el servicio funerario completo del fallecido.

En estos casos, no interviene el documento certificado médico de defunción tan necesario para poder trasladar el cadáver no judicializado. Cuando al cadáver ya se le hayan practicado las investigaciones correspondientes, el médico forense pasará el informe al juzgado de instrucción y será este quien decida si emite otro documento oficial donde se pronuncie y dé autorización expresa de que el cuerpo puede ser retirado de las instalaciones de medicina legal y darle destino final. Este documento oficial se llama *carta orden*.

 DEFINICIÓN

Carta orden

Es el documento emitido por el juzgado que contiene una orden o instrucción legal que debe ser cumplida. La carta orden ordenará la viabilidad de entrega del cuerpo a la familia para poder seguir avanzando con el servicio funerario. Mientras no se expida dicho documento, el funerario no podrá recoger el cuerpo ni darle sepultura.

La documentación relacionada con la defunción es esencial para garantizar el cumplimiento legal y para facilitar los trámites posteriores al fallecimiento de una persona. Desde el certificado de defunción hasta la posible orden de recogida judicial, cada documento cumple una función específica dentro del proceso legal y administrativo en el marco de los servicios funerarios. Comprender la importancia y los detalles de esta documentación es crucial para quienes gestionan y organizan servicios funerarios, así como para las familias que atraviesan el complicado proceso de duelo.

La correcta gestión de estos documentos garantiza que se respeten los derechos tanto del fallecido como de sus familiares, asegurando un manejo respetuoso y conforme a la ley del cierre de una vida. Con la obtención de los documentos mencionados, se inicia el proceso administrativo para gestionar el servicio funerario solicitado.

 SABÍAS QUE...

Existe otro tipo de autopsia, no judicial, solicitada voluntariamente por los familiares. Se llama autopsia clínica o autopsia médica, y es un procedimiento médico en el que se realiza un examen detallado del cuerpo de una persona fallecida a solicitud de la familia. A diferencia de la autopsia forense, que se realiza por orden judicial en casos de muerte repentina o sospechosa, la autopsia voluntaria se lleva a cabo con el consentimiento y a petición de los familiares.

3. Documentación oficial y legal vinculada al servicio funerario

 HILO CONDUCTOR

Gustavo ya está en marcha procesando la documentación del servicio ordinario que han gestionado sus compañeros. Como documentos primarios del fallecido, tiene en su poder: DNI y certificado médico de defunción. Con esos documentos ya puede proceder a desarrollar la secuencia ordenada del resto de documentos legales vinculados al servicio funerario.

Cada documento debe tratarse con la máxima confidencialidad. Los profesionales funerarios deben estar capacitados para ofrecer orientación adecuada sobre qué documentos se requieren y cómo obtenerlos en estos momentos difíciles. De esta manera, se dará una información adecuada y veraz a los familiares de la persona fallecida.

El documento de identificación personal y el certificado médico de defunción son la base para proseguir con el resto de documentación. En base a ellos, se va rellenando el resto de documentación obligatoria, para así cumplir con el proceso burocrático requerido en las situaciones de personas fallecidas. Es de vital importancia conocerlos en profundidad, entendiendo su función y sus tiempos legales:

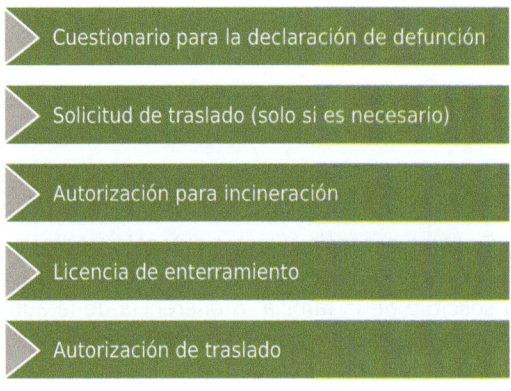

3.1. Cuestionario para la declaración de defunción

Tras obtener el certificado médico de defunción, el siguiente paso es la inscripción de la defunción en el registro civil. Este proceso formaliza jurídicamente el fallecimiento. El fallecimiento tiene efectos civiles desde que tiene lugar, pero, para el pleno reconocimiento, es necesaria su inscripción en el registro civil respetando sus plazos. El registro civil constituye la prueba de los hechos inscritos.

La inscripción de la defunción debe realizarse inmediatamente y dentro de las 24 horas siguientes a la defunción. Dicho trámite es realizado por los agentes funerarios que, en representación de la familia, suelen ser los encargados de comunicar la defunción ante el registro civil.

La **Ley 20/2011, de 21 de julio, del Registro Civil** establece las normas competentes de los trámites en dicho organismo.

Para solicitar la inscripción de la defunción, se tiene que conocer cuál es el registro civil competente para realizarla. Se considera competente el registro civil del lugar donde haya ocurrido el fallecimiento, con algunas excepciones y reglas especiales, por ejemplo:

- Si se desconoce dicho lugar, la inscripción de defunción se hará en el registro correspondiente donde se haya encontrado el cadáver.
- Si el fallecimiento ocurre en el curso de un viaje, el del lugar donde haya de efectuarse el enterramiento o, en su defecto, el de primera arribada.
- En caso de naufragio o catástrofe aérea, el registro correspondiente será el del lugar donde se instruyan las primeras diligencias y, en caso de que no se instruyan diligencias por autoridades españolas, la competencia la determinará el lugar del siniestro.
- Sin perjuicio de las reglas de competencia para practicar las inscripciones, en determinados casos, como el fallecimiento en curso de un viaje, puede trasladarse la inscripción al registro civil del domicilio del difunto, a solicitud de sus herederos.

Una vez identificado el registro civil competente, es necesario rellenar el formulario *Cuestionario para la declaración de defunción.*

Serie V
Saila V

N.º Zkia. 0039003 /13

(1) Escríbase, si es posible, a máquina o con caracteres claros, preferentemente de imprenta, el nombre y apellidos.

(2) Soltero, casado, viudo, divorciado o separado legalmente.

(3) Si sólo se supiese el año, táchese el espacio del día y mes; si sólo se conociese la edad aproximada o probable, póngase el año que corresponda a dicha edad, con un signo de interrogación.

(4) Término municipal de nacimiento y provincia; si es en el extranjero, la nación. En las poblaciones con más de un Registro, desígnese si se conoce el nombre del Distrito o número del Registro.

(5) Exprésese su número, así como el de la página o folio. Los datos sobre inscripción y registro deben tomarse del Libro de Familia, que debe acompañarse.

(6) Localidad, calle o plaza con el número de la casa o núcleo de la población.

(7) «De ciencia propia», o «por manifestación de... con domicilio en..., según acredita con los documentos siguientes...», o «por el documento... expedido en..., con fecha..., obrante entre los efectos del difunto».

(8) De no poderse expresar con exactitud se indicarán los límites máximo y mínimo del tiempo en que ocurrió.

(9) Se consignará el sitio en que falleció o, por lo menos, el lugar del hallazgo del cadáver.

(10) Cuando las menciones de identidad sean desconocidas (artículo 281 del Reglamento) se suplirán por los nombres o apodos, señales o defectos de conformación, o cualquier otro dato identificante. Los vestidos, papeles u otros objetos encontrados con el difunto serán reseñados por diligencia en folio suelto, así como la fotografía del cadáver cuando hubiera podido obtenerse.

(11) Parentesco con el finado o circunstancia de convivencia o vecindad que determine la obligación de declarar.

CUESTIONARIO PARA LA DECLARACIÓN DE DEFUNCIÓN
HERIOTZAREN BERRI EMATEKO ORRIA

Al encargado del Registro Civil de
Ko Herri-Lerrokategiaren ardunadunari ···

DATOS DE IDENTIDAD DEL DIFUNTO
HILDAKOAREN NORTASUN-ZEHAZTASUNAK

Nombre (1)
Izena (1)
Primer apellido (1)
Lehen abizena (1)
Segundo apellido (1)
Bigarrena (1)
Hijo de   y de
Aitaren izena   Amarena
Estado (2)   Nacionalidad
Egoera (2)   Estatua
Nacido el día (3)   de   de
Jaioteguna (3)
En (4)
Jaoilekua (4)

Inscrito al tomo (5)
Liburukia (5)
Domicilio último (6)
Azken helbidea (6)

Los anteriores datos se conocen (7)
Zehaztasun hauek ezagun dira (7)

DATOS DE LA DEFUNCIÓN
HERIOTZAREN ZEHAZTASUNAK

Día (8)   de
Eguna (8)
de
Hora (8)   Lugar (9)
Ordua (8))   Tokia (9)
El enterramiento será en
N lur emango zaio

Otros datos (10):
Bestelako zehaztasunak (10):

Cuestionario para la declaración de defunción del País Vasco

El impreso debe rellenarse si es posible a máquina o con caracteres claros, y es recomendable que se haga en letras mayúsculas y sin tachones, lo cual facilitará el trabajo y el entendimiento del impreso por parte de las personas encargadas de dicho trámite en el registro civil.

Hay que tener en cuenta que los datos proporcionados en dicho formulario serán los que posteriormente se plasmen en los tomos oficiales del registro y, por ende, los que aparezcan en los certificados literales de defunción; es por ello que es vital que la persona encargada de rellenar los documentos lo haga de una manera exhaustiva y sin equivocaciones, y que estos se comprueben todas las veces que sea necesario.

El impreso está estructurado en varios apartados. La mayoría de ellos deben ser cumplimentados por la funeraria y otros por el funcionario del registro:

1º Apartado: Datos de identidad del difunto:

- Nombre y apellidos del fallecido
- Nombres de los padres
- Estado civil
- Nacionalidad
- Fecha y lugar de nacimiento
- Último domicilio
- Tipo de documento de identidad por el que se conocen los datos rellenados

2º Apartado: Datos de la defunción:

- Día, hora y lugar de la defunción
- Lugar de destino final
- Datos del declarante del servicio y parentesco con el fallecido
- Autorización del declarante a la funeraria para realizar la inscripción
- Datos de la persona física trabajadora de la funeraria que va a realizar la inscripción
- Fecha y firma del declarante

3º Apartado: Diligencia:

- Fecha de presentación de formulario
- Nombre, apellidos y DNI del funerario que presenta el formulario
- Confirmación de entrega de parte facultativo
- Fecha y firma

Junto con el formulario cuestionario para la declaración de defunción, debe entregarse al registro civil el certificado médico de defunción original o la orden judicial (carta orden) en caso de procedimiento judicial. También deberá entregarse una fotocopia del documento de identidad del fallecido.

Documentos para la realización de la inscripción

Antes de realizar este trámite y llevar los documentos al registro, la persona encargada de la documentación deberá seguir el protocolo de registro documental interno marcado por la empresa que, de forma estandarizada, suele incluir el escaneado y fotocopiado de todos los documentos.

 IMPORTANTE

No debemos olvidarnos de seguir el protocolo de registro documental interno, ya que, una vez realizada la inscripción de la defunción, no se volverá a tener acceso a los documentos entregados al registro civil.

La inscripción de defunción de la persona fallecida se considera legalmente urgente y son hábiles todos los días y horas del año para practicarla, sin excepción de los festivos, y será imprescindible para la posterior licencia de sepultura. Si no se realiza la inscripción, no se expedirá la licencia de sepultura.

La habilidad requerida para la gestión correcta de este trámite, acompañada del entendimiento adecuado de la documentación adjunta, cimienta un acompañamiento apropiado para los familiares y allegados del fallecido, otorgándoles una carga menos durante el proceso de duelo.

NOTA

Los servicios funerarios no solo organizan ceremonias conmemorativas, sino que también representan un soporte práctico hacia la terminación y futuras gestiones que seguirán teniendo importancia mucho después del último adiós.

3.2. Solicitud de traslado

Esta autorización la expide la autoridad sanitaria que en cada comunidad autónoma tiene encomendadas especialmente estas competencias. Normalmente, lo hacen los delegados provinciales de salud o sanidad (sanidad mortuoria).

Si el fallecido debe ser trasladado a otra ubicación para su sepultura o cremación, será necesario obtener un permiso de traslado. Este documento es indispensable tanto para movimientos nacionales como internacionales, y está sujeto a regulaciones estrictas según cada jurisdicción. Incluye detalles sobre la localización actual y el destino final de los restos, así como el método de transporte que se utilizará.

Vamos a profundizar con más exactitud en qué ocasiones será necesario realizar una solicitud de traslado.

El Decreto 2263/1974, de 20 de julio, por el que se aprueba el Reglamento de Policía Sanitaria Mortuoria, en su artículo 29 dice:

En todo caso de traslado de un cadáver, la Jefatura Provincial de Sanidad, cumplidos todos los requisitos, extenderá la autorización correspondiente.

Siempre que se tenga conocimiento del traslado de un cadáver sin dicha autorización se dará cuenta a las autoridades judiciales y sanitarias correspondientes.

La autorización habrá de solicitarse mediante instancia dirigida a la Jefatura Provincial de Sanidad, a cuyo territorio corresponde el domicilio mortuorio en la que se hará constar el cumplimiento de los requisitos que en cada caso se exigen en los artículos anteriores.

El Jefe Provincial de Sanidad, por telegrama oficial, comunicará directamente la autorización al Alcalde de la localidad de llegada, cuando sea dentro de la propia provincia, y a través del Jefe provincial de cualesquiera otras provincias, cuando se trate de un traslado interprovincial.

Sin embargo, hay que saber identificar los diferentes tipos de desplazamientos y clasificarlos. De esta manera, nos será más fácil saber en qué situaciones se debe solicitar o no un documento de traslado.

Es necesaria la autorización de traslado para todos los transportes de cadáveres o restos que no sean **conducción inicial** o **conducción ordinaria.**

Pero, ¿qué es una conducción inicial o conducción ordinaria?

Vamos a ver de manera estatal lo que dice el Decreto 2263/1974, de 20 de julio, por el que se aprueba el Reglamento de Policía Sanitaria Mortuoria. En el artículo 27 dice:

Tendrán la condición de sepelios ordinarios los que se efectúen dentro de los términos de los propios Municipios o en cementerios mancomunados y por medio de féretros comunes, con los requisitos señalados en el artículo 40.

El traslado de un Municipio a otro, dentro del territorio nacional, de cadáveres sometidos a los medios de conservación transitoria y no inhumados se efectuará en los féretros que se especifican en el artículo 40 de este Reglamento y siempre por medio de coche fúnebre, o en furgón de ferrocarril o barco, de las características que se determinan en el artículo 41. En caso de traslados por vía aérea, el cadáver tendrá que ser previamente embalsamado.

No obstante lo prevenido en el apartado anterior, cuando se trate de núcleos de población continuos o que cuenten para relacionarse entre sí vías de comunicación fáciles, los traslados de cadáveres entre localidades podrán tener la consideración de sepelios ordinarios, si así se autoriza por la Jefatura Provincia de Sanidad, vista la causa de la muerte, las condiciones en que se encuentra el cadáver, su preparación adecuada, la calidad del féretro, el medio de transporte a utilizar, las condiciones meteorológicas estacionales y siempre con la exigencia de ser inmediatamente inhumados en el cementerio de destino antes de las cuarenta y ocho horas de ocurrido el óbito, sin que en ningún caso, en el itinerario, puedan establecerse etapas de permanencia en locales públicos o privados.

Cuando un sepelio es catalogado como sepelio ordinario, automáticamente llevará asociada una conducción ordinaria.

Así mismo, se considera conducción inicial el transporte de la persona fallecida desde el lugar del óbito hasta el lugar de exposición o de vela, siempre que ambos lugares estén dentro del territorio de la misma comunidad.

Para asegurarnos de que se cumple bien con la norma vigente, hay que profundizar mucho más y ver con exactitud lo que regula la sanidad mortuoria de la comunidad en concreto donde se está desempeñando la actividad funeraria.

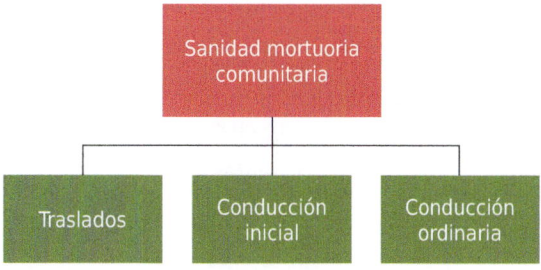

Resumen gráfico esquematizado de conducciones y traslados

Dentro de los traslados, nos encontramos con dos tipos, y se clasifican según el destino:

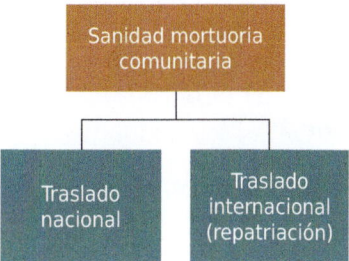

Cada uno de ellos se regirá por la normativa vigente autonómica y condicionarán las características y el procedimiento a seguir en cada caso y en todos los aspectos del mismo, tanto en la regulación del féretro como en la conservación del cadáver, el tipo de transporte, etc.

ANEXO II

AUTORIZACIÓN SANITARIA MORTUORIA

TIPO DE AUTORIZACIÓN

☐ *Transporte Grupo I y II:*   ☐ *cadáver*   ☐ *resto humano*
☐ *Exhumación y transporte:*   ☐ *cadáver*   ☐ *resto cadavérico*   ☐ *resto humano*
☐ *Vela y exposición de cadáver en edificio público*

DATOS IDENTIFICATIVOS

Nombre y apellidos del solicitante (en su caso):
Empresa Funeraria: *N.º registro:*
Nombre y apellidos del fallecido (o persona de quien procede el resto humano):

Fecha fallecimiento:
Lugar de fallecimiento:

DATOS SOBRE EL TRANSPORTE

Localidad de origen:
Localidad y provincia de destino:
Medio de transporte (1):
Observaciones:

Se autoriza lo solicitado. de acuerdo con lo establecido en la normativa sanitaria vigente.

                    , a   de   de 200

                    Director de Salud Pública

---

(1) Coche fúnebre, ferrocarril, buque, avión. vehículo propio

*LA PRESENTE AUTORIZACIÓN TIENE SOLAMENTE EFECTOS SANITARIOS, SIN PERJUICIO DEL QUE EN
SU CASO DEBA CONCEDER LA AUTORIDAD JUDICIAL.
LA VIGENCIA DE ESTA AUTORIZACIÓN EN RELACIÓN CON LA EXHUMACIÓN Y TRANSPORTE DE RESTOS
CADAVÉRICOS, ES DE 90 DÍAS NATURALES*

Solicitud de traslado en la comunidada autónoma del País Vasco

ACTIVIDAD COMPLEMENTARIA

1. Realiza una búsqueda sobre la normativa oficial correspondiente a la conducción inicial, conducción ordinaria y traslado de cadáveres en la prestación de servicios funerarios de tu comunidad autónoma y sus características. Una vez obtenida, descárgala y crea una carpeta donde guardarás toda la documentación para poder acceder a la información obtenida en cualquier momento.

3.3. Autorización para incineración

Una vez se ha realizado la inscripción de la defunción en el registro civil competente, y transcurridas al menos 24 horas desde el fallecimiento, se procede a solicitar al mismo registro civil la autorización para dar destino final al fallecido. Dicha autorización legal para proceder a la incineración o inhumación del cadáver se identifica como *Licencia para dar sepultura*.

Existen diferentes tratamientos según las normativas de las diferentes comunidades autónomas. Mientras unas legislaciones sostienen que la licencia para el enterramiento es válida también para la cremación, otras entienden que la cremación, al hacer desaparecer al cadáver y toda huella de la causa del fallecimiento, no puede ser considerada de igual manera y requiere de una mención expresada en la licencia de sepultura.

De una forma u otra, sin dicho documento no se podrá dar destino final al fallecido.

En el caso de cadáveres judicializados, el juzgado deberá expedir un comunicado de autorización expresa para proceder al destino final del cadáver, donde especifique que, por resolución judicial, se comunica que desde el punto de vista médico-legal no existe inconveniente para que se proceda a la incineración/inhumación del cadáver.

Además de la licencia/autorización para proceder al destino final del fallecido expedida por el registro civil, será necesaria una autorización expresa del declarante del servicio para proceder a la incineración o inhumación del cadáver.

Este documento hace referencia a la documentación interna de la empresa y se registra bajo custodia de la funeraria, procediendo a su clasificación y organización según protocolo de administración documental y protección de datos marcados por la empresa funeraria.

3.4. Licencia de enterramiento

Tal y como hemos visto en el apartado anterior, la licencia de sepultura es el documento legal oficial para proceder tanto a la incineración como a la inhumación del cadáver.

Dicho proceso burocrático se rige por la Ley de Registro Civil, que dictamina en su artículo 83:

En cuanto no se practique la inscripción no se expedirá la licencia para el enterramiento, que tendrá lugar transcurridas, al menos, veinticuatro horas desde el momento de la muerte.

Ley del Registro Civil

Artículo 83. En tanto no se practique la inscripción no se expedirá la licencia para el entierro, que tendrá lugar transcurridas, al menos, veinticuatro horas desde el momento de la muerte.

Reglamento del Registro Civil

Artículo 282. La inhumación se ajustará a las Leyes y Reglamentos respecto al tiempo, lugar y demás formalidades.

La licencia se extenderá inmediatamente de la inscripción por el Encargado o por la Autoridad judicial que instruya las diligencias oportunas y servirá para la inhumación en cualquier lugar, al que no hará mención.

Justificado el fallecimiento, la licencia también podrá expedirse por el Encargado del lugar en que ha de llevarse a efecto la inhumación, si es distinto de aquel que haya de extender la inscripción y antes o después de extendida.

Herri-Lerrokategiari buruzko Legea

83. atala: Lerrokapena egiten ez den artean ez da lur emateko baimenik eskuratuko, eta hau ere, gutxienez heriotzatik hogeitalau ordu igarotakoan.

Herri-Lerrokategiari buruzko Arautegia

282. atala: Ehorzpena Lege eta Arautegien araberakoa izango da denboraz, lekuz eta bestelako beharkizunez.

Lerrokapena egin eta berehala emango du baimena arduradunak nahiz dagozkion eginbidea bidera ditzan auzi-agintaritzak, eta edonon lurperatzeko balio izango du, lekua aipatuko ez duelarik.

Heriotza egiaztatu ondoren, ehorzpena egingo den lekuko arduradunak ere eman dezake baimena, lerrokapena egin behar den lekua izan ez arren eta idazkuna egin aurretik nahiz ondoren.

LICENCIA PARA DAR SEPULTURA
LUR EMATEKO BAIMENA

Habiéndose inscrito en el Registro Civil de ....
Ko Herri-Lerrokategian
la defunción de don ....
jaunaren/andrearen heriotzaren lerrokapena egin da
ocurrida a las ....
Aurkeztutako meduku-egiaztapenaren arabera:
     horas del día ....
     Heriotza-ordua
de   de
Eguna   **Zergatia**
según la certificación facultativa presentada, de la que resulta como causa
del fallecimiento:

concede permiso para que se dé sepultura a su cadáver, transcurridas que
heriotzatik hogeitalau ordu igaro ondoren.

sean las veinticuatro horas siguientes a la del fallecimiento.

Registro Civil de ....
Ko Herri-Lerrokategia

A .... de ....
     eko
de ....
k ....

          (El Juez)
          (Epaileak)

Licencia para dar sepultura del País Vasco

3.5. Autorización de traslado

Cuando se solicite el traslado del cadáver y la autoridad competente verifique que se cumple con la normativa exigida para ello, el departamento correspondiente emitirá la aprobación de autorización para el traslado del cuerpo.

La documentación con la que se pide la autorización y que deberá llevar siempre el agente funerario en todo el recorrido del traslado será:

1. **Autorización de traslado:** regulada por la delegación provincial de sanidad mortuoria. En ella quedan registrados todos los datos del transporte, incluyendo el cementerio o crematorio donde se va a realizar el destino final del fallecido.
2. **Copia del certificado médico de defunción:** se utilizarán copias del certificado médico de defunción original previamente realizadas antes de entregarlo en registro civil para la inscripción del cadáver.
3. **Acta de conservación del cadáver:** el certificado o acta de embalsamamiento debe ser emitido por el profesional el cual realizó la conservación; puede ser un médico (habitualmente forense) o un técnico tanatopractor certificado (si su comunidad lo tiene regulado). Es importante presentar este documento para que la autoridad competente tenga constancia de que se cumple con los requisitos de conservación que sean exigibles en cada caso.
4. **Licencia de sepultura:** licencia de sepultura expedida por el registro civil competente.
5. **Otros documentos exigidos:** se pueden exigir otros documentos, dependiendo de otros factores y otros organismos como autoridad judicial y regulaciones autonómicas.

EHAA - 2004ko azaroak 18, osteguna   **N.º 221 ZK.**   BOPV - jueves 18 de noviembre de 2004 **20927**

ANEXO II

AUTORIZACIÓN SANITARIA MORTUORIA

TIPO DE AUTORIZACIÓN

☐ *Transporte Grupo I y II:*   ☐ *cadáver*   ☐ *resto humano*
☐ *Exhumación y transporte:*   ☐ *cadáver*   ☐ *resto cadavérico*   ☐ *resto humano*
☐ *Vela y exposición de cadáver en edificio público*

DATOS IDENTIFICATIVOS

Nombre y apellidos del solicitante (en su caso):
Empresa Funeraria: *N.º registro:*
Nombre y apellidos del fallecido (o persona de quien procede el resto humano):

Fecha fallecimiento:
Lugar de fallecimiento:

DATOS SOBRE EL TRANSPORTE

Localidad de origen:
Localidad y provincia de destino:
Medio de transporte (1):
Observaciones:

Se autoriza lo solicitado, de acuerdo con lo establecido en la normativa sanitaria vigente.

, a   de   de 200

Director de Salud Pública

---

(1) Coche fúnebre, ferrocarril, buque, avión, vehículo propio

LA PRESENTE AUTORIZACIÓN TIENE SOLAMENTE EFECTOS SANITARIOS, SIN PERJUICIO DEL QUE EN
SU CASO DEBA CONCEDER LA AUTORIDAD JUDICIAL.
LA VIGENCIA DE ESTA AUTORIZACIÓN EN RELACIÓN CON LA EXHUMACIÓN Y TRANSPORTE DE RESTOS
CADAVÉRICOS, ES DE 90 DÍAS NATURALES

Ejemplo de autorización de traslado

La regulación también marca el tipo de féretro en el cual debe ir trasladado el cadáver. Dependiendo de qué tipo de traslado se trate (nacional o internacional) se elegirá entre los diferentes tipos de féretro.

De manera general, los tipos de féretro que regula Sanidad Mortuoria están recogidos en el artículo 40 de dicha legislación:

A efectos de la utilización obligatoria del que corresponda en cada caso se distinguen las clases de féretros siguientes:

a. **Común:** *estará construido con tablas de madera de 15 milímetros de espesor mínimo y unidas sólidamente entre sí, sin abertura alguna entre ellas. La tapa encajará convenientemente en el cuerpo inferior de la caja. Podrá ser sustituida la madera por otros materiales, siempre que hayan sido aprobados por la Dirección General de Sanidad, mediante resolución publicada en el Boletín Oficial del Estado.*

b. **De traslado:** *estará compuesto de dos cajas. La exterior de características análogas a las de los féretros comunes, pero de madera fuerte y cuyas tablas tengan, al menos, 20 milímetros de espesor. Además será reforzada con abrazaderas metálicas que no distarán entre sí más de 60 centímetros.*

La caja interior podrá ser:

1. *De láminas de plomo de dos milímetros y medio de grueso mínimo soldadas entre sí.*
2. *De láminas de cinc, también soldadas entre sí y cuyo espesor, al menos, sea de 0,45 milímetros.*
3. *De cualquier otro tipo de construcción, previamente aprobado por la Dirección General de Sanidad mediante resolución publicada en el Boletín Oficial del Estado.*

Los modelos autorizados serán comprobados por las Jefaturas Provinciales de Sanidad en los almacenes de las empresas funerarias en el acto de las visitas de inspección a las mismas.
Los féretros de traslado serán acondicionados de forma que impidan los efectos de la presión de los gases en su interior, mediante la aplicación de válvulas filtrantes de gases u otros dispositivos adecuados.

c. **Cajas de restos:** *serán metálicas o de cualquier otro material impermeable o impermeabilizado. Sus dimensiones serán las precisas para contener los restos, sin presión o violencia sobre ellos.*

Féretro común

Féretro de zinc

Cada empresa funeraria deberá conocer la regulación específica de su comunidad para acogerse a la legalidad y normas vigentes y, llevar a cabo el tipo de traslado que necesite realizar.

El profesional de servicios funerarios juega un papel crítico no solo en guiar a las familias durante el complejo proceso legal y emocional que implica, sino también en asegurarse de conformar todos los requisitos legales. Esto incluye vigilar el cumplimiento de los procedimientos para evitar cualquier problema legal que pueda surgir.

Es igualmente importante que los profesionales actúen con sensibilidad y empatía, ofreciendo un soporte sólido durante lo que es, a menudo, un periodo muy difícil para aquellos que han perdido a un ser querido.

Para facilitar este proceso, los prestadores de servicios funerarios deben estar bien formados en la legislación vigente y tener la capacidad de coordinar eficientemente con diferentes entidades gubernamentales y sanitarias involucradas en el proceso de obtención de los documentos.

4. Documentación interna vinculada al servicio funerario. Tratamiento manual e informático

☞ HILO CONDUCTOR

Gustavo, a la misma vez que realiza las gestiones de documentos oficiales para las organizaciones públicas, también debe clasificar y organizar los documentos internos de la funeraria donde trabaja, y asegurarse de que estén debidamente firmados por el declarante del servicio.

- -

El trabajador de la empresa funeraria deberá tener el conocimiento absoluto sobre los protocolos de organización documental interna de la empresa, ya sea manual, informática o ambos, ya que es esencial para la gestión efectiva, la transparencia y la calidad del servicio proporcionado.

La documentación interna en el ámbito funerario no solo se refiere a documentos legales oficiales ante organismos públicos, sino que también abarca la documentación operativa generada por la empresa para el cumplimiento de su función y las autorizaciones familiares.

Cada servicio funerario tendrá adquirido un número de registro y estará vinculado a la apertura de su expediente correspondiente, en el cual se archivará toda la documentación relacionada con el servicio funerario.

Es importante que todo este proceso documental se acoja a la normativa de protección de datos garantizando la confidencialidad de los mismos.

4.1. Tipos de documentación interna

Dentro de la documentación interna podemos identificar:

- **Fichas de recepción y verificación de servicios:** detallan la llegada del cuerpo, el estado en el cual se recibieron las pertenencias del difunto y la verificación de los servicios solicitados por los familiares.
- **Registro de servicios personalizados:** en estos registros se anotan las preferencias específicas de los clientes, como el tipo de ceremonia, música, ritos adicionales o cualquier otro requerimiento especial.

- **Contratos de prestación de servicios funerarios:** estos documentos recogen formalmente los acuerdos entre la empresa y los familiares del difunto sobre el servicio a prestarse.
- **Hojas de seguimiento de calidad:** instrumentos que permiten al personal funerario hacer un seguimiento de la calidad de los servicios prestados, registrando comentarios u observaciones de los familiares.
- **Programación de servicios y recursos:** involucra la planificación de horarios, asignación de vehículos, salas funerarias y otros recursos.

4.2. Autorizaciones y certificados de los familiares y/o declarantes del servicio funerario

La firma de la persona solicitante/declarante se plasma en los documentos de autorizaciones y certificados de la prestación del servicio funerario para dar validez a las actuaciones solicitadas y dejar constancia de algunas de ellas.

Algunas autorizaciones y certificados son:

- **Autorización de servicio:** la persona declarante del servicio autoriza a la funeraria a realizar todas las gestiones necesarias relativas a los servicios funerarios y la manipulación del cadáver. Pueden incluir:

  - Trámites del destino final del cadáver
  - Gestionar, solicitar y custodiar documentación oficial.
  - Recoger, trasladar y custodiar el cadáver.
  - Traslados del difunto
  - Manipulaciones necesarias para el acondicionamiento del cadáver
  - Encargar actos religiosos.
  - Solicitud de licencias
  - Autorizar aperturas de panteón, nicho.
  - Solicitud de salas de velatorio
  - Solicitud de permisos sanitarios
  - Gestionar ante autoridades competentes los permisos oportunos de traslados o repatriaciones.
  - Colocación de esquelas
  - Solicitud de literales
  - Solicitud de últimas voluntades

Funeraria Villa Cielo SL:

Por el presente documento, el abajo firmante D/Dª:_____

mayor de edad, con documento nacional de identidad número: _____

y con domicilio en _____

en calidad de _____ del fallecido/a

D/Dª:_____ con edad de _____ años, fallecido en la localidad de

_____ en fecha _____

Autoriza a la Funeraria Villa Cielo con cif _____ y domiciliada en _____ a
representar en cuanto a las gestiones necesarias relativas a los servicios funerarios y para la inhumación o
cremación del finado.

Estando por tanto autorizado a representar legalmente para:

- Gestionar, solicitar o reclamar los certificados médicos de defunción o en su defecto, la carta orden expedida por el juzgado guardia.
- Recoger, trasladar y custodiar en depósito o tanatorio tanto el cuerpo del difunto.
- El traslado del difunto, sus restos o cenizas a cementerio, incineración u otro final.
- Cuantas manipulaciones fueran necesarias para acondicionamiento o conservación del cadáver.
- Solicitar licencia de enterramiento
- Solicitar hora y fecha de enterramiento o incineración
- Encargar misas o actos de honras fúnebres
- Solicitar la apertura de panteón, nicho o cripta de propiedad
- Solicitar sala de velatorio, tanto de tanatorios privados como municipales
- Solicitar tantos permisos de sanidad pública se requieran, bien de interior como de exterior que fueran precisos para el traslado
- Gestionar ante autoridades correspondientes, todos aquellos permisos necesarios para repatriar al difunto a la contratación de los transportes auxiliares que se requieran para ello, tanto terrestres, navales como aéreos.
- La colocación de esquelas murales o en prensa, si están Hubiesen sido encargadas.
- La solicitud de certificados literal, copias compulsadas como internacionales de defunción, nacimientos o matrimonio.
- Solicitar las últimas voluntades del fallecido.

Lo cual firma y rubrica a los efectos oportunos,

En fecha _____ y localidad _____

Firma:

Ejemplo de autorización de servicio

➲ **Autorización de incineración/inhumación:** los familiares/declarantes del servicio deben autorizar a las funerarias y/o al crematorio a realizar el acto de destino final, ya sea la incineración del cadáver o la inhumación. Para ello, deben firmar una **declaración jurada** donde expresan el deseo de destino final de la persona fallecida. Los responsables de los crematorios bajo ningún concepto deben realizar la cremación del cadáver sin la autorización expresa familiar y habiendo obtenido la licencia de sepultura. En el caso de cadáveres judicializados a los cuales se les realizó autopsia, el juzgado deberá expedir autorización expresa para realizar la incineración/inhumación.

Funeraria Villa Cielo SL:

Funeraria
"Villa Cielo"

Declaración jurada

El/la que suscribe: _____ con DNI _____

Y con domicilio en _____. En calidad familiar de _____

De la fallecida D/Dña _____

fallecida en _____ con fecha _____

a la edad de _____ años.

DECLARA QUE:

Fue última voluntad de mi _____ D/Dña _____

que su cadáver fuera ☐ Inhumado / ☐ Incinerado

Lo cual hago constar a los debidos efectos legales, para que no haya obstáculos de ninguna naturaleza impidan la realización de esta última voluntad de quienes tienen derecho a fijarla.

En fecha _____ y localidad _____

Firma:

Ejemplo de declaración jurada

➲ **Certificado de cenizas:** es la identificación de las cenizas. Este documento debe acompañar siempre la urna de cenizas. En caso de traslado de las mismas, este certificado será requerido por la empresa de transportes. En caso de ser inhumadas, dicho certificado también será requerido por el cementerio.

Funeraria Villa Cielo SL:

Funeraria
"Villa Cielo"

Certificado de cenizas

El presente certificado hace constar que:

En la población de _____, siendo las _____ horas del día _____,

Se procede en el Tanatorio – crematorio _____ a la cremación de los

restos mortales de D/Dña _____, cumpliendo la solicitud

formulada por su familiar D/Dña _____, con DNI _____

y con la autorización expresa de la misma y una vez presentada la documentación necesaria.

En fecha _____ y localidad _____

Firma y sello:

Ejemplo de certificado de cenizas

➲ **Entrega de cenizas:** la entrega de cenizas es un momento especial que requiere de sumo cuidado y sensibilidad. Además de poner en práctica las habilidades sociales que este momento requiere, también se debe dejar constancia de la entrega de los restos mortales del cadáver a sus seres queridos. Para ello, la persona a la que se le entrega la urna de cenizas deberá dejar constancia de ello.

Funeraria Villa Cielo SL:

Funeraria
"Villa Cielo"

Entrega de cenizas

El presente certificado hace constar que:

La persona que suscribe, D/Dña _____ con DNI _____

En calidad de parentesco _____, anuncia expresamente su deseo de entrega de las

cenizas de _____, fallecida/o el día

_____, por lo cual se le hace entrega de las mismas.

En fecha _____ y localidad _____

Firma:

Ejemplo de entrega de cenizas

➲ **Renuncia de cenizas:** la empresa funeraria se puede encontrar en la situación de que los familiares/declarante no quieran hacerse cargo de las cenizas procedentes de los restos mortales del cadáver y su voluntad sea renunciar a ellas. En estos casos, el declarante del servicio funerario deberá firmar su renuncia expresamente.

Funeraria Villa Cielo SL:

Funeraria
"Villa Cielo"

Renuncia de cenizas

El presente certificado hace constar que:

La persona que suscribe, D/Dña _____ con DNI _____

En calidad de parentesco _____, anuncia expresamente su deseo de renuncia de las

cenizas de _____, fallecida/o el día

_____, por lo cual se hace constar por escrito y quedando las mismas

bajo custodia de la empresa funeraria.

En fecha _____ y localidad _____

Firma:

Ejemplo de renuncia de cenizas

➲ **Autorización publicación de foto:** es habitual que los tanatorios dispongan de pantallas donde se publique nombre, apellidos del fallecido y el número de la sala de velatorio donde está expuesto su cuerpo. En muchas ocasiones, junto a esos datos también se expone una fotografía de la persona fallecida. La misma imagen se utilizará para la publicación de las esquelas en la página web de la funeraria. Será de vital importancia pactarlo previamente con la familia y estar en conocimiento de su consentimiento, respetando en todo momento su deseo de negativa e intimidad si fuera el caso y firmando el consentimiento si la petición fuera afirmativa.

Funeraria Villa Cielo SL:

Autorización:

Autorización de publicación de fotografía:

- Colocación de foto del fallecido en pantalla [ ] SI [ ] NO

- Publicación de foto del fallecido en esquela web [ ] SI [ ] NO

La persona que suscribe D/Dña _____ con DNI _____

En calidad de parentesco _____ de la persona fallecida D/Dña

_____, autoriza a la publicación de la fotografía de

la persona fallecida en los medios funerarios mencionados.

En fecha _____ y localidad _____

Firma:

Ejemplo de autorización de publicación de fotografía

Se debe tener en cuenta que, dependiendo de los servicios prestados por la empresa funeraria y/o tanatorio, estos documentos pueden variar. De igual forma, pueden ser redactados en otros formatos y textos personalizados.

La correcta gestión documental interna garantiza la coherencia en los servicios prestados y permite que el personal funerario opere con claridad sobre sus obligaciones y prestaciones. Además, facilita la buena comunicación entre los miembros del equipo y asegura que las expectativas de los clientes se cumplan, reflejando una imagen profesional de la empresa.

4.3. Tratamiento manual de la documentación funeraria

Toda funeraria tiene sus propios documentos y sus diferentes protocolos de organización documental.

Pueden variar de una empresa a otra, pero todos tienen la misma función: dejar constancia de toda actuación y registrar autorizaciones para proceder a toda actuación necesaria ante el servicio funerario.

Durante mucho tiempo, la documentación ha sido administrada manualmente en muchas empresas funerarias. Este método sigue siendo relevante hoy en día y puede ofrecer ciertas ventajas, aunque también presenta desafíos específicos.

El tratamiento manual puede tener algunas ventajas como, por ejemplo:

Simplicidad
- Muchas veces, los registros manuales son suficientes para pequeños volúmenes de datos, donde la inmediatez y la simplicidad son más prácticos.

Accesibilidad
- No requiere tecnología sofisticada ni formación especial para ser administrado. El papel sigue siendo un material tangible y de fácil manejo para muchas personas.

Reducción de riesgos informáticos
- No es susceptible a fallos tecnológicos o a ataques cibernéticos.

Pero también puede tener algunos desafíos, como:

Riesgo de errores humanos
- Los errores de transcripción y la información perdida pueden surgir con facilidad, afectando la precisión documental.

Almacenamiento
- El espacio físico necesario para almacenar grandes volúmenes de papel puede convertirse en un problema, y puede haber dificultades para archivar y retirar documentos eficientemente.

Continúa en página siguiente >>

<< Viene de página anterior

Acceso
- Localizar documentos específicos puede llevar tiempo, afectando la velocidad de los procesos de servicio.

Para mitigar los desafíos mencionados, las empresas deben implementar sistemas de control que incluyan:

Protocolos estandarizados de registro
- Definir claramente qué información debe incluirse en cada tipo de documento, asegurando consistencia en los registros.

Revisiones periódicas
- Crear un calendario de auditorías de documentos para asegurar la exactitud y completar los registros.

Métodos de archivo ordenado
- Adoptar sistemas de archivo lógicos y estructurados para facilitar el acceso rápido a los documentos.

4.4. Tratamiento informático de la documentación funeraria

En la era digital, la transición hacia métodos informáticos de gestión documental ha traído numerosos beneficios a las empresas de servicios funerarios, optimizando la gestión de procesos internos y mejorando el servicio al cliente.

Vamos a ver las ventajas del tratamiento informático:

Automatización
- Los sistemas informáticos permiten automatizar tareas repetitivas, reduciendo errores y mejorando la eficiencia.

Acceso rápido y remoto
- Facilita el acceso instantáneo a la información desde múltiples ubicaciones, permitiendo una mejor coordinación y comunicación entre los miembros del equipo.

Continúa en página siguiente >>

<< Viene de página anterior

Seguridad y respaldo
- Las soluciones informáticas ofrecen opciones de respaldo automático, reduciendo el riesgo de pérdida de datos.

Pero también nos encontramos con sus desafíos:

Costes iniciales
- La implementación de un sistema informático puede ser costosa, tanto en *software* y *hardware* como en la formación del personal.

Proteger la privacidad
- El incremento de datos digitales exige medidas de seguridad robustas para proteger la información privada de los clientes.

Mantenimiento
- Los sistemas informáticos requieren actualizaciones y mantenimiento periódico para operar sin inconvenientes.

La empresa deberá buscar soluciones para la implementación informática, como por ejemplo:

Selección del *software* adecuado
- Elegir un sistema que se ajuste a las necesidades específicas de la empresa, con funcionalidades adecuadas para la documentación interna.

Formación y soporte
- Invertir en la capacitación del personal y en un soporte técnico continuo para maximizar el uso de los sistemas informáticos.

Medidas de seguridad
- Implementar soluciones de seguridad avanzadas para salvaguardar la información confidencial y cumplir con las regulaciones de protección de datos.

Un enfoque eficaz para la documentación interna funeraria es integrar los métodos manuales e informáticos, utilizando lo mejor de cada uno para optimizar los procesos.

Un buen método puede ser digitalizar documentos manuales, convertir documentos importantes en formato digital para mejorar la accesibilidad y seguridad o un registro inicial manual seguido de digitalización. En algunos casos puede ser práctico capturar datos manualmente (por rapidez o en situaciones del momento) y, posteriormente, digitalizarlos para el sistema informático.

Utilizar documentación en papel en situaciones específicas resulta muy interesante y práctico; es recomendable mantener algunos documentos en papel para casos donde legalmente o por requisitos del cliente es necesario.

Los documentos exactos y bien gestionados aseguran que las expectativas de los clientes se cumplan sin errores o malentendidos, mejorando la satisfacción general.

La documentación interna, tanto manual como informática, es fundamental para la organización eficiente y profesional de los servicios funerarios.

La integración armónica de estas dos vertientes proporciona un sistema robusto que asegura que el personal pueda actuar con eficacia, garantizando la calidad y satisfacción del cliente. Una adecuada estrategia en la gestión documental no solo permite a las empresas crecer y adaptarse a las circunstancias cambiantes, sino que también les proporciona una ventaja competitiva y esencial.

 CONSEJO

Antes de presentar un documento a los familiares, ya sea para que firmen una autorización o para hacerles entrega de un certificado, revísalo minuciosamente, y contrasta y verifica que es correcta la información que se plasma en el documento. Es preferible retrasar la entrega 5 minutos pero asegurarse de que todo está correcto, a entregarlo rápido y que la información sea errónea y provocar malestar a los dolientes.

APLICACIÓN PRÁCTICA

Gustavo se encuentra trabajando en turno de tarde en la empresa Funeraria Villa Cielo. Su compañero le comenta que acaba de entrar un servicio funerario con destino final de incineración, que se realizará al día siguiente trascurridas las 24 h. Su compañero funerario le hace entrega del expediente del servicio y le pide que le prepare los documentos internos funerarios necesarios que van asociados a la incineración del cadáver, para que los familiares puedan firmarlos y hacerles entrega de los que sean oportunos.

¿Qué documentos internos debe preparar Gustavo? ¿Qué documentos legales necesita Gustavo para gestionar dicha documentación interna?

Solución

Gustavo debe identificar los datos y documentos legales que le son necesarios:

1. DNI del declarante del servicio
2. DNI del fallecido
3. Certificado médico de defunción

Debe realizar los documentos internos que le han pedido y que son necesarios para proceder a la incineración:

1. Autorización de incineración
2. Certificado de entrega de cenizas
3. Certificado de cenizas

5. Tramitación de documentación ante organismos competentes

☞ HILO CONDUCTOR

Cuando los familiares de una persona fallecida deciden repatriar un cadáver, intervienen otros departamentos. Gustavo sabe muy bien los departamentos con los que se debe poner en contacto.

La tramitación de documentación ante organismos competentes es un componente crucial en la gestión de servicios funerarios. La correcta interacción con entidades gubernamentales y diferentes organismos permite garantizar el cumplimiento de las normativas vigentes, asegurar el debido respeto y reconocimiento legal del fallecimiento, y facilitar a los familiares del difunto todo el apoyo burocrático que puedan necesitar en un momento tan difícil.

El fallecimiento de una persona no solo tiene implicaciones emocionales, sino también legales y administrativas. Es esencial gestionar adecuadamente los documentos para cumplir con los requerimientos legislativos y evitar futuros inconvenientes. La documentación legal asegura que todos los procedimientos administrativos se efectúen con transparencia, cumpliendo con las obligaciones normativas relacionadas con el fallecimiento.

5.1. Registro Civil

El registro civil juega un papel crucial. La esencia de su función radica en la inscripción y validación de hechos vitales que afectan la vida de las personas, como nacimientos, matrimonios y defunciones.

Es un sistema organizado por las autoridades gubernamentales para mantener un registro oficial y legalmente reconocido de estos actos vitales.

El registro civil tiene como objetivos principales:

Identificación	- Permite identificar de manera única a cada individuo a través de su acta de nacimiento, que contiene información básica como nombres, apellidos, fecha y lugar de nacimiento.
Legalidad	- Los actos inscritos en el registro civil tienen efectos legales, lo que garantiza que las personas puedan ejercer sus derechos y cumplir con sus obligaciones de acuerdo con su estado civil registrado.
Protección de los derechos	- Al mantener un registro público y oficial de los actos vitales, el registro civil protege los derechos de las personas y facilita la resolución de conflictos legales relacionados con el estado civil.
Estadísticas	- Los datos recopilados en el registro civil también se utilizan para la elaboración de estadísticas demográficas y sociales que son de utilidad para la planificación y toma de decisiones por parte de las autoridades. En España, el registro civil es gestionado por el Ministerio de Justicia y cuenta con una red de oficinas distribuidas por todo el territorio nacional. Cada ciudadano tiene la obligación de inscribir sus actos vitales en el registro civil correspondiente, y el incumplimiento de esta obligación puede acarrear sanciones legales.

En el proceso de organización de los servicios funerarios, las interacciones con el registro civil son principalmente para la inscripción de fallecimientos, solicitud de la licencia de sepultura y lo que, a su vez, garantiza el acceso a documentos esenciales como el certificado literal de defunción.

El registro de defunción en el registro civil no solo es obligatorio por ley, sino que es crucial para su tramitación legal.

 **RECUERDA**

El registro civil competente para realizar los trámites del fallecimiento pertenece al lugar donde ocurrió el mismo.

5.2. Sanidad mortuoria

La sanidad mortuoria es un concepto fundamental en la organización de los servicios funerarios, pues se centra en la protección de la salud pública y en el respeto de la dignidad humana en el manejo, traslado y disposición final de los cuerpos. Históricamente, la práctica de la sanidad mortuoria ha evolucionado desde enfoques rudimentarios a sistemas complejos y regulados, donde las leyes y normativas juegan un papel crucial.

La preocupación por la sanidad mortuoria no es un fenómeno reciente. Desde la Antigüedad, las civilizaciones han mostrado interés por el manejo adecuado de los cuerpos después de la muerte, impulsados tanto por conceptos de higiene como por creencias religiosas o culturales. Durante la Edad Media, las pandemias como la peste bubónica reforzaron la necesidad de una regulación estricta en el manejo de cadáveres para controlar la propagación de enfermedades.

En la Edad Moderna, el espectacular aumento de las poblaciones urbanas y la industrialización contribuyeron a la formulación de políticas públicas en sanidad mortuoria. En particular, los avances científicos en microbiología y medicina del siglo XIX impulsaron la adopción de normativas sanitarias para controlar eficazmente la propagación de enfermedades a través de cadáveres.

La sanidad mortuoria hoy en día se rige por un conjunto de normativas internacionales, nacionales y locales, todas diseñadas para asegurar la salud pública y el respeto hacia los cuerpos.

En muchos países, existen leyes específicas que regulan todos los aspectos del manejo mortuorio, que van desde la etapa *post mortem* hasta la disposición final de restos humanos. Estas regulaciones se aplican tanto a los servicios funerarios como a instituciones médicas y hospitalarias.

Por lo general, la sanidad mortuoria se encuentra regulada bajo el ámbito de la salud pública y del bienestar social. Los alineamientos legales exigen rigor en la certificación de defunciones, la disposición de cadáveres, las condiciones de traslado mortal, y los procesos de embalsamamiento y cremación. Las autoridades sanitarias son las encargadas de monitorear y asegurar el cumplimiento de estas normas, con el fin de prevenir cualquier riesgo a la salud poblacional. Además, se requiere una cooperación fluida entre distintas agencias gubernamentales, incluyendo el sector judicial y organismos de seguridad pública.

Podemos encontrar, a nivel estatal, el Reglamento de Sanidad Mortuoria en el Decreto 2263/1974, de 20 de julio. Sin embargo, son competencia de las comunidades autónomas los diferentes aspectos legales vinculados a la sanidad mortuoria.

El 24 de julio de 2018 se aprobó, en la comisión de salud pública, una guía de consenso sobre sanidad mortuoria que sirve de referencia a las comunidades autónomas y a la Administración general del Estado.

Para el profesional funerario será fundamental el conocimiento específico de dicha regulación para un desarrollo adecuado de los servicios y el cumplimiento de la ley sanitaria.

5.3. Colegio de médicos

El Colegio de Médicos es una institución que agrupa a los profesionales médicos de un territorio, con el objetivo de regular su ejercicio profesional, promover la ética médica y velar por la calidad de la atención médica que se brinda a la población. Estas organizaciones suelen tener un carácter colegiado y autónomo, establecido por ley o normativa específica.

Las funciones principales del Colegio de Médicos son:

Registro y habilitación de médicos	- Registrar a todos los médicos que ejercen en el territorio y verificar que cuentan con la titulación y formación necesarias para ejercer la medicina de manera legal y ética.
Control y supervisión del ejercicio profesional	- Vigilar que los médicos colegiados cumplan con los estándares éticos y legales en el ejercicio de su profesión, promoviendo la calidad y la seguridad en la atención médica.
Defensa de los intereses de los médicos	- Representar y proteger los intereses de los médicos colegiados en diferentes ámbitos, como en relaciones laborales, condiciones de trabajo y responsabilidad profesional, entre otros.
Fomentar la formación continua	- Promover la formación y actualización profesional de los médicos, a través de cursos, congresos, seminarios y otras actividades formativas.

Continúa en página siguiente >>

<< Viene de página anterior

Atención a quejas y reclamaciones	- Gestionar y mediar en posibles conflictos entre los médicos y los pacientes, así como atender quejas y reclamaciones sobre la atención médica recibida.

El Colegio de Médicos suministra los certificados médicos de defunción a las empresas sanitarias, pagando la correspondiente tasa.

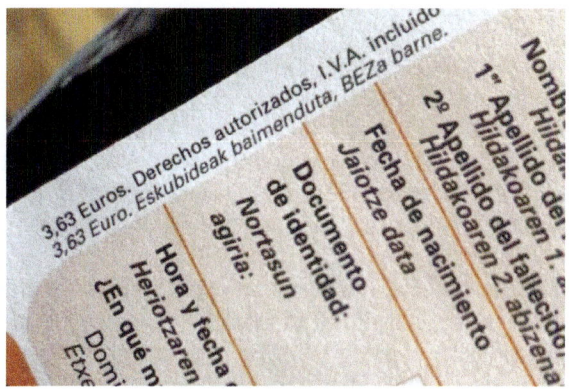

Tasa de certificado médico de defunción

5.4. Aduanas

La prestación de servicios funerarios es un proceso que involucra tanto aspectos emocionales como legales y logísticos.

Dentro del marco legal, uno de los componentes esenciales en la gestión funeraria es el proceso aduanero, el cual cobra especial relevancia cuando el fallecimiento ocurre fuera del territorio nacional o cuando familiares optan por la repatriación del difunto como último tributo.

El papel de las aduanas en el ámbito funerario va más allá del simple control fronterizo; su función es preservar la seguridad y la salud pública al regular la entrada y salida de cadáveres entre países.

Estas operaciones involucran una serie de pasos administrativos y logísticos que buscan garantizar el respeto de normativas, tanto nacionales como internacionales. La inobservancia de estas regulaciones puede acarrear sanciones legales severas, demoras y un aumento en los costes de servicios funerarios.

En términos generales, las aduanas son consideradas guardianas de los protocolos sanitarios a nivel global.

Proveen un marco de regulación que asegura que el movimiento transfronterizo de restos humanos sigue directrices estandarizadas, previniendo así inconvenientes y riesgos sanitarios relacionados con el manejo inapropiado de cadáveres.

5.5. Tribunal superior de justicia

Dentro del marco de los servicios funerarios, es imperativo considerar la influencia que las instituciones judiciales, como el Tribunal Superior de Justicia, tienen sobre el sector.

El Tribunal Superior de Justicia se posiciona como la cúspide de los sistemas judiciales en los estados, y opera como la autoridad última en la interpretación de las leyes en su respectiva jurisdicción.

El Tribunal Superior de Justicia cumple un rol crucial al garantizar el cumplimiento de las normativas legales.

Esto incluye la interpretación de leyes estatales y federales que regulan, entre otras cosas, la disposición de cadáveres, los derechos hereditarios y las inspecciones sanitarias en funerarias y cementerios.

Dado que este tribunal lleva la responsabilidad de la interpretación final de la ley, sus fallos pueden establecer precedentes que influyen en operaciones futuras dentro del sector funerario.

En ocasiones, estas cuestiones se materializan en litigios cuando existen discrepancias entre las partes interesadas, con el Tribunal Superior de Justicia como árbitro de última instancia que busca equilibrar todos los intereses involucrados.

En los servicios funerarios no tenemos que realizar ninguna acción documental directa con este órgano judicial, pero sí con el Ministerio de Justicia, el cual expide el documento certificado de últimas voluntades.

Para poder acceder al testamento de una persona fallecida, hace falta pedir al Ministerio de Justicia el certificado de últimas voluntades. En este certificado de últimas voluntades aparecerá reflejado de forma expresa ante qué notaria está registrado el último testamento de la persona fallecida.

Con el certificado de defunción, una vez hayan transcurrido 15 días hábiles desde el fallecimiento, habrá que obtener el certificado de últimas voluntades. Este trámite es imprescindible para saber si hay testamento, el nombre del notario ante el cual se emitió y cuál es el último testamento válido, en el caso de que el fallecido hubiera emitido varios testamentos. Si no hay testamento, también será necesario para la repartición legal de herederos.

¿Cómo se realiza la gestión de solicitud del certificado de últimas voluntades?

Ministerio de Justicia

- Puedes solicitar este certificado a las gerencias territoriales del Ministerio de Justicia. Este trámite lo pueden gestionar los familiares o pueden delegarlo a la funeraria o gestorías.

Modelo 790

- El impreso 790 se puede comprar en estancos o también se puede adquirir vía web, descargando el modelo de solicitud a través de la página del Ministerio de Justicia y abonando la correspondiente tasa. Se manda la solicitud por correo ordinario; las empresas con certificado digital también pueden realizar la solicitud vía telemática.

Adjuntar certificado de defunción

- Junto con la solicitud debe incluirse un certificado de defunción.

Este mismo procedimiento, y con el mismo modelo de impreso, también sirve para pedir el certificado de seguros.

Cada solicitud es un proceso y se pagan las tasas por cada proceso. No se puede utilizar el pago de tasas de un impreso para hacer varias solicitudes.

CENTRO GESTOR	TASAS	Modelo
SUBSECRETARÍA DE JUSTICIA	**ADMINISTRATIVAS** CÓDIGO 0 0 6	**790**

MINISTERIO DE JUSTICIA

Identificación (1)

Devengo

Ejercicio.............

Espacio reservado para la etiqueta identificativa del sujeto pasivo
Si no dispone de etiquetas, consigne los datos que se solicitan en las líneas inferiores

Nº de Justificante

790006 5647022

1. N.I.F./N.I.E./PASAPORTE | 2. PRIMER APELLIDO DEL SOLICITANTE. | 3. SEGUNDO APELLIDO. | 4. NOMBRE.

5. DOMICILIO: CALLE/PLAZA/AVENIDA. | 6. NÚMERO | 7. ESCALERA | 8. PISO | 9. PUERTA | 10. TELEFONO MÓVIL si lo desea recibir por SMS*

11. DOMICILIO: MUNICIPIO. | 12. DOMICILIO: PROVINCIA. | 13. DOMICILIO: PAÍS. | 14. CÓDIGO POSTAL.

15. CORREO ELECTRÓNICO si lo desea recibir por EMAIL** | 16. CÓDIGO DE LA OFICINA NOTARIAL (código a efectos catastrales) (a cumplimentar exclusivamente por los notarios en los certificados solicitados por éstos)

CERTIFICADOS QUE SE SOLICITAN (márquese con una X)

17. Antecedentes Penales ☐ (Cumplimentar los datos del Apartado B) | **18. Últimas voluntades** ☐ (Cumplimentar los datos del apartado C) | **19. Contrato de seguros de cobertura de fallecimiento** ☐ (Cumplimentar los datos del apartado C)

A. INDIQUE, SI EL CERTIFICADO HA DE TENER EFECTOS EN EL EXTRANJERO.

20. PAÍS DE DESTINO. | 21. AUTORIDAD O ENTIDAD ANTE LA QUE TIENE QUE SURTIR EFECTOS.

B. DATOS DE LA PERSONA FÍSICA, JURÍDICA O ENTE SIN PERSONALIDAD RESPECTO DE LA QUE SE SOLICITA EL CERTIFICADO DE ANTECEDENTES PENALES.

22. N.I.F./C.I.F./N.I.E./PASAPORTE | 23. PRIMER APELLIDO O DENOMINACIÓN SOCIAL. | 24. SEGUNDO APELLIDO.

25. NOMBRE. | 26. FECHA DE NACIMIENTO. | 27. POBLACIÓN DE NACIMIENTO.

28. PROVINCIA/PAÍS DE NACIMIENTO. | 29. PAÍS DE NACIONALIDAD. | 30. NOMBRE DEL PADRE.

31. NOMBRE DE LA MADRE. | 32. FINALIDAD PARA LA QUE SE SOLICITA.

Autoliquidación (2)

C. DATOS DE LA PERSONA RESPECTO DE LA QUE SE SOLICITA/N EL/LOS CERTIFICADO/S DE ÚLTIMAS VOLUNTADES Y/O DE CONTRATOS DE SEGUROS DE COBERTURA DE FALLECIMIENTO.

33. N.I.F./N.I.E. | 34. PRIMER APELLIDO DE LA PERSONA FALLECIDA. | 35. SEGUNDO APELLIDO. | 36. NOMBRE.

37. FECHA DE DEFUNCIÓN. | 38. POBLACIÓN DE DEFUNCIÓN. | 39. FECHA DE NACIMIENTO. | 40. POBLACIÓN DE NACIMIENTO.

41. **SÓLO PARA EL CERTIFICADO DE ÚLTIMAS VOLUNTADES:** SI CONOCE LOS SIGUIENTES DATOS DEL TESTAMENTO Y/O DEL CÓNYUGE, CONSÍGNELOS

FECHA DEL TESTAMENTO | NOTARIO | LUGAR DE OTORGAMIENTO | APELLIDOS Y NOMBRE DEL/LOS CONYUGE/S

DECLARANTE (3)

Autorizo Si ☐ / No ☐ al envío del certificado de antecedentes penales por correo postal

.........................., a .... de .... de 20........

Firma:

INGRESO (4)

Ingreso efectuado a favor del Tesoro Público, cuenta restringida de la A.E.A.T. para la recaudación de TASAS

IMPORTE euros: I

Forma de pago: en efectivo ☐ | E.C. adeudo en cuenta ☐

Código cuenta cliente (CCC)

Entidad | Oficina | DC | Número de cuenta

VALIDACIÓN POR LA ENTIDAD COLABORADORA: este documento no será válido sin la certificación mecánica o, en su defecto, firma autorizada

NOTA: ANTES DE CUMPLIMENTAR LOS DATOS, LEA LAS INSTRUCCIONES AL DORSO DEL DOCUMENTO

Ejemplar para la Administración

Modelo 790

SABÍAS QUE...

El modelo 790 también sirve para solicitar el certificado de antecedentes penales; solo para personas todavía con vida.

- -

5.6. Ministerio de asuntos exteriores

Las embajadas y oficinas consulares son organismos dependientes del Ministerio de Asuntos Exteriores, Unión Europea y Cooperación.

El Ministerio de Asuntos Exteriores desempeña un papel crucial en la organización de las prestaciones de servicios funerarios, especialmente en situaciones que trascienden las fronteras nacionales, como el traslado de cadáveres de ciudadanos fallecidos en el extranjero o de extranjeros fallecidos dentro del país.

Una de las funciones primordiales del Ministerio de Asuntos Exteriores es servir como enlace entre las agencias gubernamentales locales y las autoridades extranjeras.

Esto se lleva a cabo a través de las embajadas y consulados que, como representantes del país en el extranjero, facilitan la comunicación en casos de fallecimientos de ciudadanos nacionales en territorio extranjero.

Esta coordinación es fundamental para asegurar que los procesos se lleven a cabo de acuerdo con las leyes y regulaciones vigentes tanto en el país de origen como en el país de destino.

El Ministerio también es responsable de la emisión de documentos esenciales, como los certificados de defunción internacionales, necesarios para el traslado del cadáver. Estos documentos deben cumplir con los requisitos administrativos y legales de ambas naciones involucradas, lo que implica una comprensión exhaustiva de la legislación internacional y los procedimientos consulares.

Cuando se conozca el fallecimiento de un familiar o allegado español en algún país extranjero, se deberá poner en contacto con la embajada o el consulado correspondiente o con la Subdirección General de Protección y Asistencia Consular del Ministerio de Asuntos Exteriores y de Cooperación (teléfonos: 91 379 17 00, 91 379 16 10).

Llegado ese momento, las decisiones sobre los trámites y actuaciones a realizar corresponderán en exclusiva a los familiares del fallecido.

 CONSEJO

En caso de repatriación es imprescindible que el agente funerario dé a los familiares unas claras y correctas explicaciones sobre todo lo que conlleva realizar una repatriación, tanto en relación con los trámites como en relación a las técnicas a realizar con el fallecido para su conservación y los costes económicos.

5.7. Embajadas y consulados

En situaciones donde se requiere la repatriación del cadáver al país de origen, por fallecimiento en suelo extranjero, el proceso se inicia al notificar al consulado correspondiente.

Este paso es fundamental para facilitar la coordinación entre autoridades locales y extranjeras, quienes se encargan de los permisos necesarios y los procedimientos administrativos vinculados.

La gestión del fallecimiento de un ciudadano en el extranjero puede requerir múltiples trámites y procesos legales donde las embajadas y consulados juegan un rol esencial. Cuando una persona fallece fuera de su país de origen, es necesario coordinar procedimientos complejos que a menudo involucran el traslado del cuerpo, la repatriación de restos y la provisión de documentos legales requeridos por las autoridades locales y del país de origen.

Uno de los primeros pasos que las embajadas o consulados facilitan es la obtención del certificado de defunción del país donde ocurrió el fallecimiento. Este documento es crucial para todos los procedimientos legales posteriores, por lo que su autenticidad y precisión son vitales.

NOTA

En ocasiones, es necesario que estos certificados sean reconocidos oficialmente por las autoridades del país de origen. El consulado puede ayudar a legalizar esos documentos, asegurando así su validez ante las autoridades nacionales y garantizando que el proceso de repatriación siga sin contratiempos.

Las embajadas y los consulados también pueden proporcionar información y recomendaciones sobre funerarias locales que estén certificadas para manejar los procedimientos necesarios, asegurando así que las empresas contratadas cumplen con las normativas y estándares adecuados. Este asesoramiento es vital porque cada país tiene sus propios reglamentos sobre la manipulación y el traslado de cuerpos.

La repatriación de un cuerpo es uno de los procesos más complejos que un consulado debe gestionar junto a la familia y autoridades locales. El consulado trabaja para obtener los permisos necesarios tanto del país donde ocurrió el fallecimiento como del país de origen. Además, pueden coordinar con las aerolíneas las disposiciones para el transporte del cuerpo, asegurando que se sigan las regulaciones internacionales.

Una de las funciones más delicadas y sensibles de los consulados es brindar apoyo a los familiares del fallecido. Esto incluye no solo ofrecer orientación sobre los trámites legales, sino también, en la medida de lo posible, ofrecer apoyo emocional. En casos en los que los familiares no puedan desplazarse al lugar del fallecimiento, los consulados podrían hacerse cargo de gestiones adicionales, siempre dentro del marco legal establecido.

El manejo de defunciones en el extranjero conlleva diferentes desafíos legales y administrativos. Las variaciones en las leyes locales pueden complicar la obtención de permisos y la repatriación de restos, especialmente en países con regulaciones estrictas o políticas de conflicto. Los consulados y embajadas deben estar preparados para enfrentar dichas eventualidades, siempre con profesionalidad y en sintonía con las normativas internacionales.

5.8. Sanidad Exterior

La sanidad exterior, tal y como se indica en el artículo 149.1 de la Constitución española, es competencia exclusiva del Estado. Como tal, la Ley 33/2011, de 4 de octubre, General de Salud Pública, establece la finalidad, funciones y actuaciones en su articulado:

Artículo 36. *Finalidad de la sanidad exterior:*

■ *Organizar y garantizar la prestación y calidad de los controles sanitarios de bienes a su importación o exportación en las instalaciones de las fronteras españolas y en los medios de transporte internacionales, así como de los transportados por los viajeros en el tránsito internacional.*
■ *Organizar y garantizar la prestación de la atención sanitaria del tránsito internacional de viajeros, de la prevención de las enfermedades y lesiones del viajero y de los servicios de vacunación internacional.*

Artículo 37. *Funciones de sanidad exterior:*

■ *El control y vigilancia higiénico-sanitaria de puertos y aeropuertos de tráfico internacional e instalaciones fronterizas.*
■ *El control y vigilancia de las condiciones higiénico-sanitarias en el tráfico internacional de personas, cadáveres y restos humanos, animales y bienes, incluyendo tanto los productos alimenticios y alimentarios como otros bienes susceptibles de poner en riesgo la salud de la población, tales como los medios de transporte internacionales.*
■ *Coordinación y colaboración con las autoridades competentes de otros países y con los organismos sanitarios internacionales.*

Artículo 38. *De las actuaciones de sanidad exterior:*

■ *Los servicios de sanidad exterior podrán actuar de oficio o a petición de parte, según corresponda y convenientemente acreditados e identificados.*
■ *El personal de los servicios de sanidad exterior responderá ante cualquier evento que pueda suponer un riesgo de salud pública en las fronteras españolas, desempeñando el papel de agente de la autoridad sanitaria y coordinando la respuesta con las distintas Administraciones a nivel nacional.*
■ *Podrán requerir la presentación de las autorizaciones y las certificaciones que sean exigidas por las disposiciones aplicables, en todo lo relacionado con sus actuaciones.*
■ *Cuando se detecte incumplimiento de las normas higiénico-sanitarias, actuarán en consecuencia y, dependiendo de la gravedad de las deficiencias detectadas, adoptarán las medidas pertinentes. Si la gravedad de los riesgos para la salud lo requiere, podrán paralizar las actividades de la instalación o el medio de transporte inspeccionado, de acuerdo con las normas nacionales e internacionales en vigor.*

La sanidad exterior es, en definitiva, un componente crítico de la gestión funeraria internacional que no solo asegura que los restos sean manejados de manera legal y respetuosa, sino que también protege a la población de potenciales riesgos para la salud pública. A través de una cuidadosa coordinación y aplicación de normas tanto nacionales como internacionales, proporciona un marco seguro y efectivo para el transporte de cadáveres más allá de las fronteras.

Más allá de la logística, su enfoque ético y sanitario contribuye significativamente a los procesos de duelo, proporcionando a las familias la tranquilidad de que sus seres queridos están siendo manejados con el máximo respeto y consideración, incluso a través de las distancias más grandes.

A lo largo de esta unidad hemos visto diferentes tipos de documentación funeraria, tanto externa (competente ante organizaciones públicas) como interna (certificados y autorizaciones para la gestión funeraria interna custodiada por la empresa).

Todas ellas contienen una gran cantidad de información sensible y muy personal. Se manejan datos privados e información sobre hechos de fallecimiento que solo por efecto de la profesión conoceremos de forma directa.

Por todo ello, es totalmente imprescindible que todo personal de la empresa funeraria tenga plena consciencia de ello y conozca los derechos en protección de datos que tienen tanto los familiares en vida como la persona fallecida.

Es de carácter obligatorio que las empresas —y más en este sector sensible— tengan implantado un sistema que se acoja a la ley de protección de datos y custodia documental para garantizar así la confidencialidad de toda la documentación y de cada expediente funerario. Además, con estas medidas se cumple con una buena deontología y ética profesional.

Así mismo, todo personal funerario debe ser consciente de que la ley regula el derecho a la intimidad, y así lo hace constar en el Código Penal.

La protección de la confidencialidad y el derecho a la intimidad es un deber conocido y respetado por todos los profesionales de la salud.

En el Código Penal aparecen recogidos los aspectos legales de divulgación de secretos ajenos por razón de la profesión:

Artículo 198. La autoridad o funcionario público que fuera de los casos permitidos por la Ley, sin mediar causa legal por delito y prevaliéndose de su cargo, realice cualquiera de las conductas de revelación de secretos, será castigado con las penas respectivamente previstas en los artículos anteriores y además con la inhabilitación absoluta por tiempo de seis a doce años.

Artículo 199:

1. *El que revelare secretos ajenos, de los que tenga conocimiento por razón de su oficio o sus relaciones laborales, será castigado con la pena de prisión de uno a tres años y multas de seis a doce meses.*
2. *El profesional que, con incumplimiento de su obligación de sigilo o reserva, divulgue los secretos, será castigado con la pena de prisión de uno a cuatro años, multa de doce a veinticuatro meses e inhabilitación especial para dicha profesión por tiempo de dos a seis años.*

 TAREA 1

Cuando una persona fallece deben realizarse una serie de trámites para realizar la repartición de la herencia.

Explica de manera clara y concisa qué es el formulario 790, para qué sirve, ante qué organismo público se pide y cuándo hay que realizar ese trámite.

----

6. Resumen

En el contexto actual, el sector funerario enfrenta el desafío de gestionar adecuadamente un cúmulo complejo de documentación, tanto a nivel oficial como interno.

Esta unidad de aprendizaje se adentra en la parte legal y administrativa, que engloba la prestación de estos servicios esenciales.

A través de una revisión exhaustiva de los documentos necesarios, se guarda un cuidadoso equilibrio entre cumplimiento normativo y sensibilidad ante el dolor ajeno.

La parte inicial de este análisis aborda la imperativa identificación de la persona fallecida. En esta sección, se valoran documentos de identidad como el DNI, pasaporte o tarjeta de residencia, fundamentales para asegurar la correcta verificación del difunto y proteger los directrices legales correspondientes. A continuación, la documentación directamente relacionada con la defunción, como el certificado médico de defunción o la orden de recogida judicial y la carta orden, que juega un papel crucial, ya que verifica oficialmente la muerte y permite su reconocimiento ante diferentes entidades.

Simultáneamente, se examina la documentación oficial y legal que resulta indispensable para llevar a cabo el servicio funerario, desde la solicitud de traslados hasta la autorización para incineración o licencias de enterramiento.

Estos procesos documentales garantizan que los servicios se realicen bajo el estricto amparo de la legalidad.

La investigación avanza hacia la documentación interna, que incide en el adecuado manejo, tanto manual como informatizado, para garantizar la eficiencia y precisión de los registros.

De particular relevancia resulta la tramitación de dicha documentación ante organismos competentes. Instituciones como el Registro Civil, Sanidad Mortuoria o el Colegio de Médicos desempeñan funciones clave en la validación de los procedimientos.

Además, en contextos más específicos, como traslados internacionales de cadáveres, se deberá interactuar con el Ministerio de Asuntos Exteriores, embajadas y consulados, asegurando una coordinación internacional conforme a normativas extranjeras.

Finalmente, es importante la interacción con sanidad exterior y aduanas en situaciones particulares que lo requieran.

No debemos olvidarnos de la importancia de la protección de datos personales, el derecho a la protección de la intimidad personal de los familiares y del propio fallecido.

Hay que tener como base una buena deontología y ética profesional.

Ejercicios de autoevaluación
Unidad de Aprendizaje 1

1. Para la correcta identificación de la persona fallecida son válidos algunos tipos de documentación. Enumera los documentos válidos:

    _____
    _____
    _____
    _____

2. ¿Cuál es la diferencia entre el certificado médico de defunción y el certificado de defunción?

    _____
    _____
    _____
    _____
    _____
    _____
    _____

3. Elige la respuesta correcta sobre el cuestionario para la declaración de defunción:

    a. Es competencia para la inscripción el Registro Civil del lugar donde se haya producido el fallecimiento.
    b. Debe realizarse inmediatamente y dentro de las 24 horas siguientes al fallecimiento.
    c. La Ley 20/2011, de 21 de julio, del Registro Civil establece las normas competentes de los trámites en dicho organismo.
    d. Todas las opciones son correctas.

4. Indica si las siguientes oraciones son verdaderas o falsas:

a. No se expedirá la licencia de sepultura antes de las 24 horas siguientes al fallecimiento.

- ■ Verdadero
- ■ Falso

b. La solicitud de traslado del cadáver debe solicitarse al Registro Civil.

- ■ Verdadero
- ■ Falso

c. La repatriación de un cadáver es considerada un traslado internacional.

- ■ Verdadero
- ■ Falso

5. ¿Qué tipo de documentación interna gestiona una empresa funeraria en relación a un servicio funerario?

a. Autorizaciones familiares, registro de servicios, fichas de recepción
b. Certificados, verificación de servicios, contrato de prestación de servicios
c. Hojas de seguimiento de calidad, programación de servicios
d. Todas las opciones son correctas.

6. Las funerarias disponen de documentos y autorizaciones internas para dar validez a la prestación del servicio. Enumera tres de ellas.

_____
_____
_____
_____
_____
_____
_____

7. Relaciona los diferentes documentos internos con su descripción adecuada:

    a. Autorización de servicio
    b. Declaración jurada
    c. Entrega de cenizas

    __ La persona declarante del servicio autoriza a llevar a cabo el acto de destino final.
    __ Certifica la entrega de cenizas del difunto.
    __ Autoriza a la funeraria a realizar todas las gestiones necesarias tanto administrativas como con el cadáver.

8. Indica tres ventajas del tratamiento documental manual:

_____
_____
_____
_____

9. Indica tres desventajas del tratamiento informatizado de la documentación:

_____
_____
_____
_____

10. ¿En qué regulación de ley aparece recogida la divulgación de secretos ajenos por razón de la profesión y datos personales?

    a. Código Civil
    b. Ley de Protección de Datos
    c. Sanidad Mortuoria
    d. Las opciones a y b son correctas.

Clasificación de elementos complementarios de la prestación del servicio funerario

Contenido

Objetivos

Los objetivos específicos de esta Unidad de Aprendizaje son:

→ Elaborar textos a incorporar en los elementos del servicio funerario que preservan la memoria de la persona fallecida (recordatorios, esquelas, entre otros) y lo ornamental (coronas, flores y cirios, entre otros).

→ Cumplimentar los documentos de petición de los textos de los elementos del servicio funerario, de forma manual e informática, teniendo en cuenta los requisitos de los proveedores.

→ Identificar los diferentes elementos y recursos que intervienen en un servicio funerario para la honra y memoria a la persona fallecida.

1. Introducción

La pérdida de un ser querido es una de las experiencias más dolorosas que una persona puede enfrentar. En medio del duelo, la organización de un servicio funerario adecuado puede proporcionar no solo un camino hacia la despedida digna, sino también un mecanismo de apoyo emocional y conmemoración hacia el ser querido que se ha ido. En este contexto, los elementos complementarios de la prestación del servicio funerario desempeñan un rol fundamental al transformar la pérdida en un proceso de memoria y homenaje.

La evocación del recuerdo de la persona fallecida es crucial para el proceso de aceptación y despedida. En este aspecto, los recordatorios y esquelas actúan no solo como instrumentos de convocatoria y difusión de la noticia del deceso, sino también como símbolos de la continuación de la memoria en la comunidad, entre los amigos y los seres queridos. Al personalizar estos elementos con mensajes y detalles personales, se honra la vida del fallecido, creando un legado que persiste más allá del evento inmediato.

Además, la función estética de los elementos ornamentales no puede subestimarse en la prestación de servicios funerarios. Desde las coronas hasta los centros florales, cada detalle es cuidadosamente elaborado para reflejar respeto, cariño y homenaje. El uso de flores, colores y disposiciones específicas ayuda a expresar sentimientos que van más allá de las palabras, proporcionando consuelo a los dolientes y enriqueciendo el ambiente del servicio funerario con una belleza visual que denota solemnidad y paz.

A lo largo de esta unidad, vamos a seguir con Gustavo, nuestro amigo administrativo funerario de 30 años, que trabaja en la empresa funeraria Villa Cielo desde hace varios años.

2. Elementos que preservan la memoria de la persona fallecida: Recordatorios, esquelas, entre otros

👉 HILO CONDUCTOR

Gustavo es un trabajador polivalente y, además de encargarse de la documentación legal de los servicios funerarios, también se encarga de otras acciones

Continúa en página siguiente >>

<< Viene de página anterior

relacionadas con el fallecido. Gustavo tiene una sensibilidad especial para ocuparse de diferentes elementos que intervienen para honrar al fallecido, y se le da muy bien redactar y ayudar a los familiares aportando frases con amor para plasmarlas en los recordatorios, las bandas de coronas o centros florales, esquelas y productos conmemorativos en general.

La pérdida de un ser querido es uno de los momentos más dolorosos que las personas enfrentan en su vida. En medio de este dolor, preservar la memoria del fallecido a través de diversos elementos es una práctica común que ofrece consuelo.

En el ámbito de los servicios funerarios, la creación y distribución de elementos conmemorativos juega un papel crucial al proporcionar superficies tangibles de recuerdo. Este proceso no solo ayuda a los familiares y amigos a honrar y recordar al difunto, sino que también facilita la expresión del duelo.

Estos elementos conmemorativos se pueden ofertar como complementarios, y están íntimamente relacionados con el fallecido en sí, con su memoria y recuerdo.

Como elementos conmemorativos, podemos encontrar:

2.1. Recordatorios

Los recordatorios son pequeñas tarjetas o folletos que se distribuyen durante los servicios funerarios o en conmemoraciones posteriores. Su propósito principal es servir de homenaje a la vida del fallecido y proporcionar a los asistentes un recuerdo tangible al que puedan aferrarse. En términos de diseño, incluyen una fotografía, frases significativas, fecha de nacimiento y fallecimiento, y también, a elección de los familiares, pueden incluir un breve resumen de la vida y logros de la persona. La selección de los colores y las imágenes también tiende a tener un significado especial, relacionándose con intereses personales o valores del fallecido. Suelen ser entregados durante el velatorio o en el funeral. Es habitual que la funeraria disponga de un catálogo muestrario que se enseña a los familiares para su elección, y un muestrario de frases conmemorativas, para que los familiares puedan seleccionar según sus preferencias.

Modelo de recordatorio con frase conmemorativa

Una vez los familiares han elegido el modelo de recordatorio que más les guste y el que más se adapte en representación conmemorativa al fallecido, y se haya elegido el texto a incluir, la funeraria procede a su impresión. Para agilizar el proceso de impresión, algunas funerarias realizan la impresión en elaboración propia; así garantizan rapidez en la entrega a los familiares, ofreciendo el recordatorio en pocas horas. Otras funerarias, sin embargo, optan por trabajar con proveedores externos que se encargan de los trabajos de impresión. En este último caso, se deben tener en cuenta los horarios de apertura y cierre de los proveedores; en base a ello, daremos la información de entrega a los familiares.

2.2. Esquelas

Las esquelas publicadas en periódicos o difundidas a través de plataformas digitales informan al público sobre la muerte de una persona. Además de anunciar el fallecimiento, proporcionan detalles sobre los servicios funerarios, tales como el lugar y la hora del velatorio o entierro. Las esquelas mantienen generalmente un mismo formato, y combinan formalidad y respeto en sus palabras. Incluyen el nombre completo del fallecido, edad, fecha de fallecimiento, y mencionan a los parientes más cercanos. En muchos casos, también se agregan mensajes específicos que expresan amor, gratitud o frases espirituales que tenían un significado particular para el fallecido.

Con el avance de la tecnología, muchas familias optan por publicar esquelas en sitios web o en plataformas de medios sociales, lo que permite una difusión más amplia y rápida. El formato tradicional sigue unas directrices claras, que incluyen:

- Un marco negro o gris.
- Un símbolo religioso (dependiendo de la religión del fallecido) delante del nombre del fallecido o centrado en la parte superior
- Nombre y apellidos del difunto resaltados en negro y con letra grande.
- En ocasiones, debajo del nombre, se añaden sus títulos profesionales o nobiliarios, alias y alguna frase por la que se conocía a la persona que falleció.
- Las siglas Q. E. P. D. (que en paz descanse), D. E. P. (descanse en paz) o R. I. P. (requiescat in pace, descanse en paz), centradas y en negrita.
- Edad y fecha de fallecimiento.
- Nombres de los familiares que comunican el fallecimiento; por orden, desde el cónyugue, hijos y nietos y demás familiares y una petición de plegaria por el fallecido (si alguno de los nombrados está fallecido, junto a su nombre se colocará el símbolo +).
- Fecha y hora del funeral.
- Lugar de velatorio y horario.

La publicación de la esquela se realiza en los periodicos locales, y las esquelas pasquín en los tablones de anuncios de la localidad y de la parroquia donde se celebra el funeral. Lo habitual es su publicación al día siguiente del fallecimiento y, en algunas ocasiones, en conmemoración de recordatorio anual. Estas últimas se limitan en contenido a frases conmemorativas y, si procede, al anuncio del funeral por el aniversario del fallecido.

**Raquel Hernández Gómez
R. I. P.**

Falleció ayer, a los 62 años de edad después de recibir los Santos Sacramentos y la Bendición Apostólica de su Santidad

Su esposo: José Manuel Pérez; sus hijos; Verónica y Jaime, Manuela y Gonzalo, José y Lucía; nietos: Pedrito y Susana; hermanos: David y Celia Hernández; hermanos políticos, sobrinos, primos y demás familiares.

Ruegan a sus amistades encomienden su alma a Dios y asistan a los funerales que se celebrarán el próximo viernes a las SIETE de la tarde, en la parroquia de LA ASUNCIÓN, por todo lo cual les quedarán muy agradecidos.

San Sebastián, 9 de enero de 2025

Nota: el velatorio queda instalado en el Tanatorio Villa Cielo hoy jueves de 10:00h a 20:00h.

Ejemplo de esquela tradicional católica

Los formatos de esquela son estándar; pueden variar en tamaño, pero las directrices son generales. Cabe destacar que los textos que se incluyen en la esquela son siempre opcionales y flexibles, y lo decide quien las contrata. Por ejemplo, si la persona fallecida no era religiosa, no hay por qué incluir ningún texto religioso ni anunciar funeral; o puede que no se quiera nombrar a cada uno de los parientes cercanos o que no se quiera publicar el lugar ni el horario del velatorio.

Vamos a ver algunos ejemplos de esquelas no religiosas con textos modificados a elección de la persona contratante:

Raquel Hernández Gómez
R. I. P.

Falleció ayer a los 62 años de edad después de recibir el cariño incondicional de sus familiares

"Tus familiares te quieren y siempre te tendremos presente en nuestros corazones"

San Sebastián, 9 de enero de 2025

Nota: el velatorio queda instalado en el Tanatorio Villa Cielo hoy jueves de 10:00h a 20:00h.

Raquel Hernández Gómez
Abogada y escritora
R. I. P.

Falleció ayer a los 62 años de edad
Su esposo: José Manuel Pérez; sus hijos; Verónica y Jaime, Manuela y Gonzalo, José y Lucía; nietos: Pedrito y Susana.

"Brindaremos por ti y por tus últimos deseos"

San Sebastián, 9 de enero de 2025

Nota: el velatorio será en intimidad familiar

2.3. Memoriales multimedia

Los memoriales multimedia han ganado popularidad en la era digital, ofreciendo una forma interactiva y permanente de recordar a los difuntos. Estos pueden tomar la forma de presentaciones de diapositivas, vídeos con música y locución, o incluso sitios web dedicados que la familia y amigos pueden visitar para recordar al fallecido. La creación de un memorial multimedia permite a las personas combinar música, imágenes y palabras de una manera que realmente capture la esencia del fallecido. Ampliamente compartidos a través de plataformas de medios sociales, estos memoriales ofrecen una forma accesible para que una amplia audiencia participe en el duelo colectivo y la celebración de la vida del fallecido. Un ejemplo de memorial multimedia podría ser un vídeo de cinco minutos que muestre imágenes del fallecido desde su infancia hasta los momentos más significativos de su vida adulta, acompañadas de una canción que tuviera un significado especial para él o ella.

2.4. Placas y monumentos conmemorativos

Más allá de los recordatorios impresos o digitales, las placas y monumentos conmemorativos ofrecen una presencia física duradera en la comunidad. Ya sea una simple placa en un parque dedicado, un banco conmemorativo, o un árbol plantado en su memoria, estos elementos tangibles permiten a las personas visitar un lugar concreto para expresar sus respetos y reflexionar sobre la vida del fallecido. Estos memoriales físicos se convierten en parte del entorno, ofreciendo un punto de anclaje donde se puede experimentar el recuerdo de una manera más tangible. Un ejemplo podría ser una placa de bronce instalada en un jardín comunitario que resuma las contribuciones de la persona al desarrollo del área local. Todos estos elementos de recuerdo trabajan en conjunto para proporcionar consuelo, honrar al fallecido y unir a los dolientes en una experiencia compartida.

Aunque el duelo es una experiencia profundamente personal, la existencia de recordatorios tangibles, ya sean impresos, digitales o físicos, permite a las comunidades aligerar el dolor a través del soporte mutuo y la conservación de memorias colectivas.

Placa conmemorativa en montañas (© Fotografía: Enrico Spetrino / Shutterstock.com)

2.5. Libros de condolencias

El libro de condolencias es otro elemento crucial en los servicios funerarios. Permite que los asistentes tanto al velatorio como al funeral dejen mensajes, compartan recuerdos o simplemente firmen como una forma de expresar su presencia y apoyo a la familia. Estos escritos pueden convertirse en un valioso recurso para los dolientes a medida que avanzan en su proceso de duelo, recordando la amplitud del afecto y apoyo que rodea al fallecido. Tradicionalmente, estos libros eran presentados en los servicios funerarios, pero la digitalización ha permitido que los "libros de condolencias virtuales" extiendan su alcance a aquellos que no pueden asistir físicamente. Las plataformas en línea permiten a las personas dejar mensajes, compartir fotos y vídeos, y, a veces, incluso crear memoriales multimedia. Por ejemplo, un libro de condolencias podría incluir mensajes como: "Siempre recordaré las tardes que pasamos en el parque, gracias por ser una amiga tan especial". En el ámbito digital, un libro de condolencias puede incluir enlaces a vídeos conmemorativos o galerías de fotos en honor al fallecido.

Libro de condolencias en un funeral (© Fotografía: Hadrian / Shutterstock.com)

2.6. Relicarios

Los relicarios son pequeños recipientes que adoptan diferentes formas y materiales donde se introducen comúnmente unas pocas cenizas de la persona fallecida. La función del relicario es la de conservar la reliquia de forma adecuada y asegurar la correcta exposición a las personas para su veneración.

Por ejemplo, en el mercado existen pequeñas urnas funerarias que se pueden portar en forma de collar; de esta manera, los dolientes sienten que una pequeña parte de la persona fallecida siempre está a su lado. También podemos encontrar diferentes figuras para su exposición.

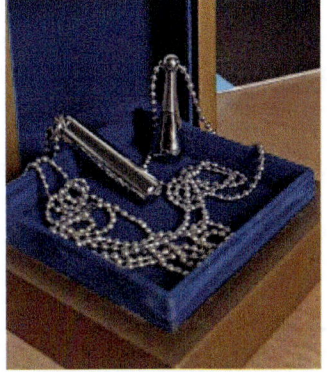

Relicarios en formato de collares

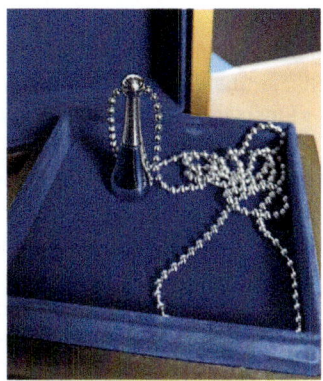

Collar relicario en forma de gota

Relicario en forma de árbol

 SABÍAS QUE...

El mercado de productos funerarios ha innovado tanto que en la actualidad existen relicarios en forma de diamantes conmemorativos, que se realizan a partir de una pequeña cantidad de cenizas e, incluso, con una muestra de cabello de la persona fallecida... Estos diamantes conmemorativos alcanzan precios muy elevados; en función de su tamaño pueden rondar desde los 800 € hasta los 2.000 €.

 **TAREA 2**

Imagina que te encuentras trabajando en una empresa funeraria y te piden realizar una lista de frases conmemorativas para recordatorios, para anexarlas al muestrario de la empresa.

Debes realizar una lista con cinco frases, imaginativas, respetuosas y conmemorativas.

3. Elementos ornamentales: Coronas, centros florales, entre otros

 **HILO CONDUCTOR**

En esta sección, Gustavo se va a centrar en seleccionar diferentes productos ornamentales para los catálogos de la empresa. Estos productos son de gran importancia en la honra del fallecido y están presentes durante las largas horas de un velatorio. Tanto los familiares como los visitantes adquieren una relación directa con estos productos.

En el contexto de los servicios funerarios, los elementos ornamentales han desempeñado un papel fundamental en la expresión de respeto, amor y recuerdo hacia la persona fallecida. Estos elementos no solo embellecen el entorno donde se lleva a cabo la ceremonia, sino que también constituyen un símbolo de condolencias y soporte emocional para los familiares y allegados.

En este apartado, exploraremos los diversos tipos de elementos ornamentales, tales como las coronas, los centros florales y otros arreglos significativos que se utilizan en las ceremonias fúnebres.

Pero, antes, vamos a ver un poco de historia. ¿Sabemos de dónde viene la tradición de poner flores al difunto?

En la edad media se velaban a los difuntos durante horas, recordemos que los hábitos higiénicos de la época eran terribles. Los tomates, siendo ácidos, se consideraron venenosos durante mucho tiempo, las tazas de lata se usaban para beber cerveza o whisky; esta combinación, a veces, dejaba al individuo "en el suelo" (en una especie de narcolepsia inducida por la mezcla de bebida alcohólica con óxido de estaño).

Alguien que pasara por la calle pensaría que estaba muerto, así que recogían el cuerpo y se preparaba para el funeral.

Luego se colocaba el cuerpo sobre la mesa de la cocina durante unos días y la familia se quedaba mirando, comiendo, bebiendo y esperando a ver si el muerto se despertaba o no.
De ahí que a los muertos se les vela (velatorio o velorio), que es la vigilia al lado del ataúd.

Durante esos días el cadáver se iba descomponiendo y su olor era casi insoportable sobre todo en épocas más calurosas.
En la edad media la manera de mitigar todo tipo de olor desagradable era mediante las flores, se cubría al difunto con diferentes elementos florales y hierbas aromáticas y así se lograba aromatizar el ambiente.

El uso de las flores en la Edad Media

Hoy en día, con el gran avance de la ciencia, existen avanzados métodos y técnicas de embalsamamiento y conservación del cadáver, y gran cantidad de recursos en las instalaciones funerarias que garantizan una exposición del cuerpo con garantía sanitaria y sin olores desagradables.

Sin embargo, el uso de las flores se convirtió en una tradición, y es recurrente no solo por motivos de necesidad, sino como acto de honra y ofrenda al difunto, y no solo en velatorio y funerales, sino también en fechas señaladas.

Cada flor y su color pueden tener significados distintos, y se seleccionan cuidadosamente para reflejar un homenaje personal al difunto. Por ejemplo, las rosas blancas suelen simbolizar inocencia y reverencia, mientras que las rojas son signo de amor profundo y respeto. Los lirios, frecuentemente utilizados en funerales, simbolizan la pureza del alma del difunto. La elección de flores también puede variar según tradiciones culturales y religiosas, que añaden una capa adicional de significado. En los diferentes tipos de ornamentos florales nos podemos encontrar con:

- ⮑ Rosas (las más habituales)
- ⮑ Girasoles
- ⮑ Paniculatas
- ⮑ Claveles
- ⮑ Gladiolos
- ⮑ Tulipanes
- ⮑ Lirios
- ⮑ Diferentes flores aromáticas

Entre los ornamentos, nos encontramos con diferentes tipos:

1. **Corona fúnebre:** su forma circular simboliza el ciclo eterno de la vida y la muerte, representando el amor inmortal y el recuerdo imperecedero por el difunto. Las coronas, comúnmente colocadas cerca del féretro o en la cabecera durante el servicio, suelen estar elaboradas con una amplia variedad de flores, hojas y otros elementos decorativos. Existen diferentes tamaños y tipos de flores: de unos 70 cm o 100 cm las más pequeñas y hasta 1,50 cm las más grandes. Llama la atención su elegancia, tamaño, las flores naturales de gran calidad, su variación floral, sus colores vivos, etc. A menudo los familiares y allegados de la persona fallecida demuestran su afecto recurriendo a las flores, incluso muchas personas demuestran su poder adquisitivo con el tamaño del ramo y con varios ejemplares. En su base de espuma o esponja circular empapada en agua se clavan las flores y los adornos vegetales, como ramas y hojas de tonos verdes intensos. Se colocan en trípodes en el velatorio y en los laterales y la trasera del coche fúnebre cuando se inicia la conducción con el féretro.

Corona fúnebre

2. **Cruz floral:** este ornamento floral con forma de cruz lleva una base de esponja o espuma en la cual se clavan las flores. Se suelen colocar encima del féretro o encima de alguna estructura, y se ponen en forma vertical. También se ponen como decoración en el funeral.

Cruz funeraria floral

3. **Centro floral:** hoy en día es habitual encontrarnos con la negativa de compra de coronas funerarias, ya que están muy arraigadas a la defunción y transmiten tristeza. Exiten algunas alternativas que las funerarias y las floristerías ofrecen; una de ellas son los centros florales, palmas y cojines mortuorios, de características florales muy similares a las coronas. También se clavan en una base de espuma o esponja manteniéndola humeda para que las flores permanezcan bonitas y con sus colores vivos. Esta base plana en forma de rectángulo o maceta circular puede ser colocada encima del féretro o apoyada en algún tipo de estructura de manera horizontal; también habitualmente se coloca en el suelo delante del altar en el funeral o al lado del féretro en las capillas ardientes.

Centro floral funerario

4. **Ramos funerarios:** son una buena alternativa para los visitantes y personas que no tuvieran una relación muy estrecha con la persona fallecida pero, por afecto a los familiares, quieren demostrar un acto de cariño. Son de menor tamaño que los centros, aunque cuentan con flores de alta calidad.

5. **Diferentes formas florales:** podemos encontrar gran variedad de formas y diferentes motivos florales, tantas variedades como peticiones personales se puedan solicitar para homenajear a la persona fallecida (corazones, ositos, ángeles, escudos, etc.). Se pueden personalizar al detalle para honrar a la persona fallecida. Es habitual que todos los ornamentos florales se adornen con una banda donde se inscribe una dedicatoria cariñosa al fallecido.

Corazón fúnebre

Osito floral

6. **Elementos ornamentales no florales:** aunque las flores son el centro de atención habitual en las ceremonias funerarias, hay una creciente consideración hacia la inclusión de elementos no florales como homenajes ornamentales. Estos pueden incluir cintas con mensajes condolientes y recuerdos, globos, velas encendidas o fotografías del difunto enmarcadas delicadamente. El uso de estos elementos puede acompañar a los arreglos florales o constituir parte de un tributo más amplio que refleje la esencia del difunto. Por ejemplo, globos blancos soltados al terminar la ceremonia pueden simbolizar la liberación del alma, mientras que recurrir a las luces de las velas puede ofrecer un ambiente de calma. Estos detalles finalizan un homenaje de múltiples capas que combinan lo tradicional con lo contemporáneo, adaptándose a preferencias culturales y personales.

 CONSEJO

A la hora de elegir una corona de flores es importante adquirir información sobre su precio inicial, ya que, debido a sus características, sus precios son elevados y rondan desde los 180-200 € hasta más de 1.000 €.

También nos podemos encontrar como elementos ornamentales que transmiten paz y serenidad diferentes tipos de objetos que dan una luz cálida y tenue al lugar de exposición del féretro. Por ejemplo, velas, velones y farolillos litúrgicos muy utilizados en capillas y cementerios. Pueden ser de diferentes materiales y funcionamientos. Es común encontrarlos con mecanismos eléctricos y baterías, disminuyendo así el riesgo de accidentes. Su material habitual es el plástico y el metal. Los más típicos son con mecha de fuego, y su material es la cera de parafina y algodón.

Velones litúrgicos

Farolillos litúrgicos

 IMPORTANTE

Se debe facilitar a los familiares todas sus posibles peticiones, darles opciones y alternativas. Los familiares siempre tendrán opción de poder aportar cualquier tipo de ornamento conmemorativo especial para la velación del fallecido.

El diseño y la personalización de los elementos ornamentales en los servicios funerarios puede ser una forma poderosa de honrar la memoria del difunto. Con la guía de floristas expertos y servicios funerarios que ofrecen asesoramiento cualificado, familiares y amigos pueden participar en el proceso creativo que refleja específicamente la historia y legado del fallecido.

El desarrollo de temáticas personalizadas basadas en colores favoritos, composiciones inspiradas en pasiones o logros personales, o incluso la inclusión de plantas vivas que puedan ser llevadas a casa por los asistentes como un recuerdo del servicio, ejemplifican cómo los detalles ornamentales pueden perpetuar el amor y el recuerdo en un diseño conmovedor y significativo.

Los elementos ornamentales, desde las tradicionales coronas y centros florales hasta arreglos más innovadores y personalizados, juegan un rol esencial en las ceremonias funerarias. Son mucho más que meros adornos; simbolizan el respeto, amor y apoyo, proporcionando a familiares y amigos un vehículo para expresar sentimientos profundos de duelo. A su vez, ofrecen consuelo y serenidad en momentos de tristeza.

4. Proveedores y tramitación documental con ellos

👉 HILO CONDUCTOR

En la funeraria Villa Cielo, donde desempeña su trabajo Gustavo, disponen de algunos servicios proporcionados directamente por la funeraria; pero, sin embargo, otros dependen de proveedores externos. Cuando Gustavo precisa de un servicio externo debe ponerse en contacto con el proveedor para realizar el pedido necesario.

Este apartado es fundamental para entender la complejidad de la gestión logística en la prestación de servicios funerarios. En este contexto, los proveedores desempeñan un papel esencial al proporcionar los elementos y servicios necesarios para llevar a cabo ceremonias con el debido respeto y consideración hacia los deudos.

En la industria de los servicios funerarios, los proveedores son entidades clave que facilitan la organización adecuada y oportuna de ceremonias de despedida.

Estos proveedores pueden ser tanto empresas como profesionales individuales dedicados a proporcionar productos y servicios específicos.

Entre ellos se encuentran floristerías, fabricantes de ataúdes, compañías de transportes, proveedores de elementos religiosos y servicios de *catering,* entre otros. La selección adecuada de proveedores y la gestión de las relaciones comerciales con ellos son componentes vitales para garantizar que todos los aspectos de un servicio funerario se realizan de manera satisfactoria.

SABÍAS QUE...

Ya existen en España proveedores de féretros ecológicos biodegradables fabricados con material de cartón reciclado.

A continuación, puedes ver los tipos de proveedores con los que puede contar una funeraria:

- **Proveedores de elementos ornamentales.** Los proveedores de flores juegan un rol recurrente en la organización de servicios funerarios. Estos proveedores no solo suministran las flores, sino que también pueden ofrecer servicios de diseño y montaje de arreglos.
- **Proveedores de ataúdes y urnas.** La elección adecuada del ataúd es de suma importancia en los servicios funerarios. Los fabricantes y distribuidores de estos elementos ofrecen diversas opciones en cuanto a materiales, diseño y precio, con el fin de satisfacer las expectativas y necesidades de las familias.
- **Servicios de transporte.** Ya sea para el traslado del fallecido, los familiares o los asistentes a la ceremonia, contar con proveedores de transporte confiables y puntuales es esencial para el correcto desarrollo del servicio.
- **Proveedores de elementos religiosos y ceremoniales.** Estos proveedores se encargan de proporcionar artículos y servicios relacionados con ritos específicos, lo cual puede incluir desde libros de oraciones hasta elementos para ceremonias religiosas concretas.
- **Servicios de *catering*.** Aunque a menudo subestimado, el servicio de *catering* puede resultar crucial cuando se busca ofrecer un momento de convivencia posterior a la ceremonia o durante los velorios.
- **Marmolistas.** Las empresas que ofrecen servicio de marmolería son de gran importancia en los servicios funerarios, ya que se ocupan de realizar todo tipo de trabajos referentes a los grabados y colocación de placas conmemorativas, tanto en nichos como en tumbas en suelo o columbarios.

 CONSEJO

Es de suma importancia llevar un exhaustivo control de *stock* de los recursos y materiales diariamente utilizados en los servicios funerarios. De esta manera, se realizarán los pedidos a los proveedores con el suficiente tiempo para no padecer de un desabastecimiento en la empresa.

4.1. Gestión de las relaciones con proveedores

En cualquier industria, las relaciones con los proveedores son una parte crucial del negocio.

La eficacia en la gestión de estas relaciones puede determinar en gran medida el éxito o fracaso en la prestación del servicio. En los servicios funerarios, estas relaciones deben gestionarse con un enfoque específico debido a la naturaleza delicada de la industria.

La selección de proveedores debe basarse en criterios de **calidad, precio, puntualidad** y **atención al detalle.** Es importante establecer un proceso de selección riguroso que permita evaluar a los proveedores potenciales en función de estos criterios. Además, las referencias y la experiencia en el sector son valiosas al elegir un proveedor confiable.

Vamos a ver y especificar cada uno de los criterios:

1. **Calidad de productos.** La calidad de los productos del sector funerario es esencial. Es muy habitual que los familiares quieran brindar de los mejores productos a sus familiares fallecidos para su homenaje. Por otra parte, sería muy molesto que en esos momentos de duelo algún producto fuera deficiente en su uso debido a su mala calidad.
2. **Precio.** Cada empresa tiene sus tablas y cálculos minuciosamente estudiados para saber sus márgenes económicos; en base a ello, toma sus decisiones sobre los costes permitibles de compra a un proveedor.
3. **Puntualidad.** El sector funerario está activo 365 días al año y en horario de 24 h. Los proveedores que se contraten deben garantizar cubrir estas necesidades y adquirir un gran compromiso en la puntualidad para que todo esté en orden y a tiempo para cubrir las necesidades del servicio funerario contratado.
4. **Atención al detalle.** En la funeraria todo se trabaja y organiza al detalle. Es importante que las peticiones familiares estén detalladamente cubiertas y atendidas. Es por ello que también se debe exigir al proveedor lo mismo de manera rigurosa.

Una vez que se ha realizado la selección del proveedor, es crucial entablar una negociación clara y justa. La formalización de acuerdos debe incluir detalles explícitos sobre los productos o servicios a entregar, las condiciones de pago, plazos de entrega y manejo de imprevistos.

Un contrato bien redactado protege a ambas partes frente a posibles incumplimientos o malentendidos.

Cabe destacar que cultivar una relación positiva y colaborativa con los proveedores seleccionados puede resultar en un flujo de trabajo más suave y eficiente.

Una comunicación abierta y una retroalimentación constructiva son aspectos esenciales para fortalecer y mantener estas relaciones. Proveer un *feedback* regular sobre la calidad de los productos y servicios puede ayudar a mantener el estándar esperado.

Comunicación con proveedor florista

4.2. Tramitación documental con proveedores

La tramitación documental es una parte integral del proceso de gestión de proveedores. Documentar cada transacción no solo es importante para la contabilidad y la auditoría, sino también para mantener claros los términos de cada acuerdo.

La gestión efectiva de los documentos facilita la evaluación y el seguimiento de las relaciones con todos los proveedores implicados.

Se identifican varios documentos a tener en cuenta con los proveedores:

1. **Contratos de proveedores.** Estos contratos deben detallar las especificaciones de los productos o servicios acordados, los términos y condiciones, precios, plazos y eventuales penalizaciones por incumplimiento. Se pueden destacar siete cláusulas imprescindibles a incluir en un contrato con un proveedor:

2. **Facturación y órdenes de compra.** La emisión y recepción de facturas y órdenes de compra facilita el seguimiento de las transacciones económicas y sirve como respaldo legal de los bienes y servicios adquiridos.
3. **Inventarios y registros de almacenamiento.** Un sistema de inventario bien gestionado asegura que los elementos necesarios para los servicios funerarios se encuentren siempre disponibles. Este sistema debe actualizarse regularmente.
4. **Documentación de cumplimiento normativo.** Asegurarse de que todos los proveedores cumplan con las normativas y leyes vigentes relativas a la seguridad, medio ambiente y otras regulaciones locales es esencial para evitar multas y sanciones.

En la actualidad, la tecnología juega un papel esencial en la gestión documental. Implementar un sistema de gestión documental digital puede facilitar enormemente la organización, acceso y control de toda la información relacionada con proveedores. Estos sistemas permiten el acceso en tiempo real a la documentación, lo cual es crucial para realizar auditorías internas y cumplir con las regulaciones corporativas.

A modo de ilustración, supongamos un escenario en el cual una funeraria solicita una remesa de coronas florales para un servicio funerario. El primer paso sería la emisión de una orden de compra detallando la cantidad y especificaciones de las coronas, incluido el texto en la banda. Luego, al recibir las flores, se debería verificar que la entrega coincida con el pedido original y emitir la factura correspondiente. Finalmente, se archivarían todos estos documentos dentro del sistema de gestión documental de la funeraria.

 **APLICACIÓN PRÁCTICA**

Imagina que te encuentras desarrollando tu actividad laboral como profesional asesor funerario en la funeraria de tu localidad. Son las 11 de la mañana y estás con una familia realizando una contratación de servicio y te piden que incluyas una corona de flores y dos centros florales. Tu empresa no tiene servicio propio de floristería.

1. ¿Puedes proporcionar al cliente lo que quiere?
2. ¿Cómo realizas la gestión?
3. ¿Qué aspectos del pedido debes tener en cuenta?

Solución

1. Aunque la propia funeraria no tenga servicio propio de floristería, la empresa dispone de proveedores para garantizar y proporcionar al cliente sus peticiones sin contratiempos.
2. Empezaré con la gestión anotando muy bien la petición del cliente e incluyendo las peticiones personales como, por ejemplo, color de las flores, texto en la banda, etc. Cuando ya se haya contratado todo el servicio, me pondré en contacto con el proveedor de la floristería y emitiré una orden de compra. Contactaré con la floristería según el medio protocolarizado de la empresa. Una vez los productos lleguen a la funeraria, me aseguraré de comprobar que el pedido corresponde exactamente con la orden.
3. A la hora de realizar la orden tengo que tener en cuenta las peticiones familiares, realizar el pedido exactamente igual sin errores y verificarlo cuando llegue a las instalaciones.

5. Redacción de textos para los elementos complementarios de la prestación del servicio funerario

👉 HILO CONDUCTOR

En ocasiones, Gustavo se encuentra que los familiares de una persona fallecida están bloqueados y no saben cómo redactar un texto para incluir en una esquela o un recordatorio. Los familiares se hacen muchas preguntas y tienen dudas. ¿Pueden poner cualquier texto? ¿Deben regirse por un tipo de redacción obligatoria? Y si no quiero poner nada amable, ¿puedo hacerlo? ¿Y si no quiero poner texto?

La redacción es un proceso crucial para la comunicación efectiva de cualquier servicio y, en el contexto funerario, esta actividad cobra especial importancia debido a la sensibilidad inherente al tema.

La claridad, empatía y precisión son fundamentales para transmitir mensajes que, además de informar, consoliden la confianza y confort en los momentos más difíciles para los clientes. En este apartado, exploramos cómo desarrollar textos que acompañen los elementos complementarios del servicio funerario, asegurando que cada palabra cumpla con su objetivo de manera respetuosa y eficaz.

Antes de adentrarse en el proceso de redacción, resulta indispensable comprender a quiénes van dirigidos los textos. En el ámbito funerario, el público objetivo se enfrenta a un momento de pérdida, lo cual demanda una comunicación extremadamente delicada. La redacción debe tener en cuenta las emociones predominantes, tales como tristeza, confusión y, en algunos casos, alivio o enfado. Los textos deben estar diseñados para guiar, informar y, cuando sea posible, consolar.

El tono es uno de los aspectos más críticos en la redacción de textos para el sector funerario. Debe ser respetuoso, tranquilizador y ofrecer una sensación de apoyo y cariño.

 **EJEMPLO**

Los ornamentos florales no solo destacan por sus bonitas y naturales flores, sino también por sus bandas con bordes y letras doradas donde se expresan frases de gratitud y cariño ofrecidas al difunto. También en ellas se suele hacer mención a las personas que lo ofrecen.

- -

Algunas de las frases que pueden incluir son:

Tu familia te quiere

TU MARIDO E HIJOS

CON CARIÑO TUS COMPAÑERAS DE TRABAJO

With Deepest Sympathy

Banda en ornamento floral

NOTA

No hay una obligatoriedad de regirse por un tipo de redacción o una línea de expresión.

- -

Quien realiza la contratación está realizando la compra de un producto y se convierte en el cliente. El cliente es libre de solicitar que se ponga en la banda cualquier texto o decidir no ponerlo.

De hecho, hoy en día es más habitual encontrarnos en los periódicos locales con la publicación de esquelas con textos libres un tanto peculiares, que dejan atrás las frases típicas o demasiado correctas y serias.

Como profesionales funerarios, nunca debemos juzgar ninguna de ellas, ya que todas son dignas de respeto y comprensión. Incluso hay que tener en cuenta que en algunas ocasiones es la misma persona antes de su fallecimiento quien dejó el encargo realizado y decidido por él/ella mismo/a lo que quería que apareciera en el texto de manera póstuma, aprovechando así la oportunidad para despedirse del mundo de una forma diferente; también los familiares/amigos pueden lanzar una última despedida con broma o reproche.

A continuación, vamos a ver algunas frases originales incluidas en esquelas publicadas tanto en fechas del mismo fallecimiento como en fechas de aniversario:

> "A los creyentes se ruega una oración por su alma, a los no creyentes un brindis en su memoria".

> "Sus familiares ruegan una sonrisa por su alma".

> "Os invito hoy a mi última fiestuki en la iglesia de San Marcial a las siete y media de la tarde, abstenerse gente triste".

Continúa en página siguiente >>

<< Viene de página anterior

"En sus últimos momentos de vida quiso dejar encargada la publicación de esta esquela para manifestar su perdón a los familiares que la abandonaron cuando los necesitó, sus hermanos Juan y Manuel y su hija María por su absoluta falta de cariño y apoyo durante su larga y penosa enfermedad".

"Vivió una vida llena y sin complejos, desafiando las convenciones y a veces incluso la realidad. Te queremos y te echaremos de menos lo inimaginable".

"Fue un buen hombre, un buen esposo, un buen padre, un buen abuelo y amigo de sus amigos, y también un buen cocinero. ¡¡¡Te vas sin dejarnos la receta de la paella!!!".

"Se ruega no enviar flores o coronas y sí, en cambio, un donativo para los Médicos sin Fronteras.
"Gracias a todos. Me lo he pasado muy bien".

NOTA

Aunque con menos frecuencia, al igual que los textos, también se puede elegir la foto de una forma diferente: divertida, seria, graciosa, etc.

La/s persona/as que contratan la esquela tienen libertad para decidir qué quieren que se publique.

6. Criterios de calidad en la elaboración de textos para los elementos complementarios de la prestación del servicio funerario

 **HILO CONDUCTOR**

Todo lo relacionado con el servicio funerario debe tener altos criterios de calidad, Gustavo lo sabe muy bien. En ocasiones, Gustavo debe elaborar los textos

Continúa en página siguiente >>

<< Viene de página anterior

en algunos elementos e incluso redactar *e-mails.* Tiene muy interiorizados los pasos a seguir para que queden perfectos y sin confusiones; de esta manera consigue la calidad deseada.

La claridad y precisión son fundamentales para evitar malinterpretaciones en los momentos delicados que suelen acompañar las circunstancias relacionadas con los servicios funerarios.

La información debe ser presentada de manera concisa y directa, evitando el uso de tecnicismos innecesarios o de lenguaje complicado que pueda confundir al lector. Por ejemplo, al redactar textos para la descripción de servicios adicionales, como traslados o arreglos florales, es crucial que los términos sean comprensibles para alguien sin conocimiento en el área.

La precisión en los datos presentados es fundamental para mantener la confianza del cliente y prevenir malentendidos. Esto incluye detalles sobre los procedimientos, costes, tiempos de respuesta y servicios adicionales disponibles.

La información proporcionada debe ser exhaustiva sin ser abrumadora, cubriendo todos los aspectos básicos que un cliente pueda necesitar.

Los textos, aunque estandarizados para mantener la coherencia, deben tener la flexibilidad para personalizarse acorde a las necesidades específicas de los clientes. Esto es especialmente importante para servicios funerarios en los que puede existir una amplia gama de personalización, desde la ordenación de ceremonias específicas hasta la elección de esquelas. Considerar la inclusión de textos que puedan adaptarse a diversas creencias y prácticas culturales es un reflejo de un servicio respetuoso e inclusivo.

La revisión minuciosa de los textos es obligatoria para asegurar la calidad final. Esto incluye correcciones gramaticales, ortográficas y de estilo, además de la verificación de la veracidad de la información. La implementación de un sistema de retroalimentación continuo, en el cual se recopile y analice la opinión de los clientes sobre la claridad y utilidad de los textos, puede proporcionar perspectivas valiosas para futuros ajustes o mejoras.

Escribir un borrador con todo lo redactado es una buena recomendación para detectar fallos, reelerlo y modificarlo si se precisa hasta que el texto sea el deseado.

Todas estas técnicas de trabajo, realizadas antes de mandar a imprimir el texto, nos asegurarán la calidad que se precisa.

 CONSEJO

Para la prevención de una posible mala escritura o fallos, es importante asegurarse de que los textos son correctos. Para ello, es aconsejable enseñar el borrador del texto a la persona contratante y que sean ellos los que den el aprobado final antes de su publicación; el texto será firmado por ellos en señal de aprobación.

Si por cualquier motivo alguno de los textos redactados tuviera alguna falla, será importante rectificarlo sin objeciones y así minimizar los inconvenientes causados. Si el elemento pertenece a un proveedor externo, nos comunicaremos lo antes posible para subsanar el error. Si el elemento es proporcionado internamente por la funeraria, nos pondremos en contacto con el departamento correspondiente inmediatamente para rectificarlo cuanto antes.

Las pautas a seguir para conseguir calidad en los textos son las siguientes:

- Obtener la información de los textos de manera concisa y directa.
- Redactar un borrador.
- Revisar el borrador (ortografía, gramática, etc.).
- Realizar correcciones.
- Verificar el texto con el cliente y obtener su aprobación.

 TAREA 3

Gustavo ha encargado a la floristería una corona con banda de texto. Al llegar la corona a las instalaciones funerarias, se da cuenta de que el texto de la banda no es correcto. ¿Qué debe hacer Gustavo ante esta situación?

ACTIVIDAD COMPLEMENTARIA

2. Realiza una búsqueda y visualiza diferentes tipos de textos en esquelas publicadas y la calidad de los mismos. Después, realiza un listado de los textos que más te hayan llamado la atención.

7. Resumen

La prestación de servicios funerarios, un sector de vital importancia en la sociedad, involucra no solo la preparación y disposición final del cuerpo del fallecido, sino también una serie de elementos que complementan esta etapa, facilitando el proceso de duelo y ayudando a preservar la memoria del ser querido que ha partido. La clasificación adecuada de estos elementos complementarios es crucial para proporcionar un servicio que no solo sea respetuoso y digno, sino también personalizado, atendiendo a las necesidades y expectativas de las familias en un momento tan delicado.

En primer lugar, es esencial entender aquellos componentes que ayudan a mantener viva la memoria de quienes han fallecido. Estos elementos, tales como recordatorios, esquelas y libros de agradecimiento, desempeñan un papel fundamental al proporcionar un medio tangible para el recuerdo y el homenaje. Además de su importancia emocional, requieren atención en su diseño y elaboración, para que su entrega sea un verdadero reflejo del respeto y amor por la persona fallecida.

De igual manera, los elementos ornamentales en los servicios funerarios van más allá de la mera estética. Implementaciones como coronas y centros florales no solo embellecen el entorno, sino que también tienen un profundo simbolismo emocional y cultural. Estos adornos deben ser seleccionados y dispuestos con cuidado, teniendo en cuenta las preferencias y tradiciones familiares, así como los criterios estéticos que ayuden a crear una atmósfera de paz y serenidad.

La colaboración con proveedores es, sin duda, una parte integral de la organización de los servicios funerarios. Este proceso implica no solo la selección de los mejores materiales y productos, sino también la eficiente tramitación documental para asegurar que todos los componentes del servicio se alineen con los estándares de calidad deseados. Esta coordinación necesita ser llevada a cabo de manera efectiva, construyendo relaciones de confianza que beneficien tanto a la empresa funeraria como a las familias que dependen de sus servicios.

Otro aspecto vital en la provisión de servicios funerarios es la redacción y preparación de los textos asociados a los elementos complementarios. La confección cuidadosa de estos textos, con la precisión y sensibilidad adecuadas, es fundamental para transmitir con fidelidad los sentimientos y deseos de las familias, cuidando de que la información contenida sea exacta y apropiada para cada documento o recordatorio.

Ejercicios de autoevaluación
Unidad de Aprendizaje 2

1. Menciona cuatro elementos que preservan la memoria de la persona fallecida:

   _____

   _____

   _____

   _____

2. ¿Es obligatorio que la esquela incluya un símbolo religioso? Justifica tu respuesta.

   _____

   _____

3. De manera general, una esquela incluye:

   a. Fecha de fallecimiento, fecha de nacimiento, parientes cercanos.
   b. Nombre completo, edad, fecha de fallecimiento, parientes cercanos.
   c. Nombre completo, apodo, edad, fecha de nacimiento, fecha de fallecimiento, parientes cercanos.
   d. Todas las opciones son correctas.

4. Indica si las siguientes oraciones son verdaderas o falsas:

   a. El formato de las esquelas incluye un marco negro o gris.

      ■ Verdadero
      ■ Falso

   b. La esquela incluye la causa del fallecimiento.

      ■ Verdadero
      ■ Falso

    c. Los memoriales multimedia pueden ser sitios web dedicados al difunto.

- ■ Verdadero
- ■ Falso

    d. En la actualidad existen libros de condolencias virtuales.

- ■ Verdadero
- ■ Falso

5. ¿Qué tipo de producto es un relicario?

    a. Elemento conmemorativo floral
    b. Elemento conmemorativo de condolencias
    c. Elemento conmemorativo digital
    d. Elemento conmemorativo que guarda cenizas u otro material del fallecido

6. Algunas de las flores que se pueden incluir en los ornamentos florales son:

_____
_____
_____
_____
_____
_____
_____

7. Relaciona los diferentes ornamentos florales con su descripción adecuada:

    a. Corona fúnebre
    b. Cruz floral
    c. Centro floral
    d. Ramos funerarios

    __ Se posa encima del féretro o en estructura de forma vertical.
    __ Base de espuma o esponja con forma de rectángulo o maceta circular.

— Forma circular.
— Alternativa para los visitantes.

8. ¿Qué otros elementos no florales podemos encontrar en los servicios funerarios con la función de homenajes ornamentales?

_____
_____
_____
_____

9. Indica cuatro tipos de proveedores que pueden proporcionar servicio a una funeraria:

_____
_____
_____
_____
_____
_____
_____

10. En los contratos con los proveedores se pueden destacar algunas cláusulas, como por ejemplo:

    a. Plazos de entrega
    b. Confidencialidad
    c. Rescisión
    d. Todas las opciones son correctas.

Organización y coordinación con los departamentos implicados en la prestación del servicio funerario

Contenido

Objetivos

Los objetivos específicos de esta Unidad de Aprendizaje son:

→ Determinar canales de comunicación con departamentos que intervienen en la realización de la prestación de servicios funerarios, atendiendo a las características de demandas preestablecidas y a protocolos de calidad.

→ Identificar las necesidades de recursos materiales y humanos a asignar en función de las características del servicio funerario demandado.

→ Identificar la disponibilidad de las instalaciones demandadas en el servicio funerario mediante una correcta comunicación entre departamentos, asegurando una eficaz coordinación.

1. Introducción

La prestación de servicios funerarios es una tarea de gran responsabilidad y sensibilidad, que requiere de una organización meticulosa y una coordinación efectiva entre diferentes departamentos para garantizar que cada detalle se maneje con la máxima eficiencia y respeto. En un momento tan delicado para las familias, las empresas que brindan servicios funerarios no solo deben procurar que todo transcurra sin contratiempos, sino también extender un apoyo cálido y humano, proporcionando un entorno de empatía y profesionalismo.

Esta unidad de aprendizaje se centra en la maquinaria interna que subyace a una operación de servicios funerarios bien gestionada, y busca arrojar luz sobre cómo la colaboración y la comunicación interdepartamental son claves para la prestación óptima de estos servicios tan esenciales.

Una empresa funeraria implica la interacción de múltiples áreas que deben funcionar a la perfección. Desde la disponibilidad y uso adecuado de recursos materiales y humanos hasta la implementación de protocolos eficaces de comunicación interna, cada aspecto es fundamental para asegurar que todo el proceso se lleve a cabo sin fisuras.

Los recursos materiales, que incluyen desde vehículos y equipamientos específicos hasta los artículos de recuerdo, son el pilar tangible que permite que los servicios se desarrollen.

Sin embargo, detrás de estos, los recursos humanos son quienes dan vida a esos servicios, con profesionales que manejan situaciones extremadamente sensibles de manera competente y empática.

En muchas ocasiones, Gustavo se reúne con familiares para realizar la contratación de un servicio funerario. En base a las peticiones familiares, Gustavo se encarga de realizar el enlace de comunicación entre diferentes departamentos de la funeraria para garantizar a los contratantes que todo se va a realizar correctamente y poder darles detalles adecuados y fehacientes, así como la confirmación del servicio solicitado.

2. Recursos materiales y humanos necesarios en la prestación de servicios funerarios

 HILO CONDUCTOR

Para poder servir de una manera adecuada y de calidad a los usuarios de los servicios funerarios, es imprescindible tener un correcto conocimiento sobre los recursos materiales y humanos de los que dispone la empresa. Cuando Gustavo entró a trabajar en la funeraria Villa Cielo, le proporcionaron una buena formación e información sobre todo el funcionamiento de la empresa, sus recursos y prestaciones. Gracias a ello, Gustavo siempre da una información correcta a sus clientes y realiza una buena coordinación de los servicios.

La prestación de servicios funerarios es un área de trabajo que requiere una excepcional atención al detalle, dada la delicadeza e importancia del momento que marca para las familias en duelo.

La correcta organización y coordinación con los departamentos implicados no solo garantiza una eficiente prestación de servicios, sino que también proporciona la necesaria sensibilidad y cuidado que esta industria demanda.

En este ámbito, resulta esencial contar con los recursos materiales y humanos adecuados para cumplir estos objetivos.

✎ DEFINICIÓN

Recurso
Es todo lo necesario para que una empresa desarrolle su actividad correctamente y cumpla con sus objetivos.

Las empresas funerarias requieren de múltiples recursos, ya que las prestaciones de sus servicios son integrales e intervienen diferentes gremios.

Todos esos múltiples recursos no necesariamente tienen que ser de la misma empresa, sino que también pueden ser subcontratados. Es decir, si la misma funeraria no dispone de esas instalaciones o del personal específico para ese servicio, estos se contratan externamente para cubrir todas las necesidades del servicio funerario y de sus solicitantes.

Los tipos de recursos que precisa una funeraria se clasifican en dos grupos:

> Recursos materiales

> Recursos humanos

2.1. Recursos materiales

Los recursos materiales son fundamentales para asegurar que el servicio se lleve a cabo con la dignidad y el respeto necesarios.

Pero, para entender en profundidad cuáles son los recursos materiales que son necesarios, primero debemos entender bien qué es una funeraria y un tanatorio y cómo regula la ley dichos establecimientos.

La obligatoriedad de los requisitos y las características de dichas instalaciones están recogidas en la Ley de Policía Sanitaria Morturia estatal y comunitaria.

Con un poco más de detalle, vamos a ver el Decreto 2263/1974, de 20 de julio, por el que se aprueba el Reglamento de Policía Sanitaria Mortuoria.

Estas regulaciones se recogen en su apartado *Empresas funerarias* (artículos 42, 43, 44 y 45):

Artículo 42. En toda población de más de 10.000 habitantes deberá existir, por lo menos, una empresa funeraria privada o municipal, que cuente y disponga de los medios siguientes:

a. Personal idóneo suficiente, dotado con prendas exteriores protectoras.

b. Vehículos para el traslado de cadáveres, acondicionados para cumplir esta función.

c. *Féretros y demás material fúnebre necesario.*

d. *Medios precisos para la desinfección de vehículos, enseres, ropas y demás material.*

En ningún caso podrán las empresas funerarias utilizar material que no reúna buenas condiciones de conservación y limpieza.

Artículo 43. *La autorización para el establecimiento de toda empresa funeraria corresponde otorgarla a la Autoridad municipal, pero no podrá dicha autoridad concederla sin el informe favorable previo de la Jefatura Provincial de Sanidad y, en su caso, de la Comisión Provincial de Servicios Técnicos.*

Artículo 44. *Todas las empresas funerarias, públicas o privadas, serán inspeccionadas por la Jefatura Provincial de Sanidad correspondiente, al menos, una vez cada año. En cada inspección el funcionario sanitario comprobará las condiciones de los locales, personal, instalaciones, vehículos y material.*

Artículo 45. *La aprobación de las tarifas de todos los servicios de las empresas funerarias públicas o particulares será de la competencia del Gobierno Civil de la provincia, previo informe del Ayuntamiento y de la Delegación Provincial de Sindicatos, salvo lo dispuesto para los servicios municipalizados en la Ley de Régimen Local y sus Reglamentos. Entre dichas tarifas figurará una mínima, que abarcará, no obstante, todos los servicios funerarios necesarios.*

El transporte de cadáveres será sufragado:

1. *Por cuenta de los servicios municipales o provinciales, para las familias incluidas en Beneficencia, dentro del término municipal.*
2. *Mediante pago por los interesados de los servicios tarifados a las empresas funerarias oficialmente autorizadas.*

Es importante que también se revise la normativa de cada comunidad autónoma para adquirir el conocimiento concreto sobre las características que se exigen en ellas.

 **EJEMPLO**

Por ejemplo, vamos a repasar la ley de algunas comunidades autónomas:

País Vasco: disposiciones generales, Departamento de Sanidad. N°. 5931, Decreto 202/2004, de 19 de octubre, por el que se aprueba el Reglamento de Sanidad Mortuoria de la Comunidad Autónoma del País Vasco.

Continúa en página siguiente >>

<< Viene de página anterior

Título sexto. Empresas funerarias y tanatorios:

Capítulo I. Empresa funeraria:

- **Artículo 30.** *Establecimiento de empresa funeraria.*

  1. *Corresponde a las corporaciones locales la facultad de otorgar licencia para establecimiento de empresa cuyo fin es la prestación de servicios funerarios.*
  2. *La empresa funeraria ubicada en la Comunidad Autónoma del País Vasco deberá contar con instalaciones, vehículos, así como con los medios materiales y humanos necesarios para la realización de la actividad. Asimismo, dispondrá de los elementos precisos para la limpieza y desinfección de vehículos, enseres, vestuario y demás material empleado.*
  3. *Toda empresa funeraria será inspeccionada por el Departamento de Sanidad, con la frecuencia que este considere necesaria y oportuna, a fin de comprobar que los medios materiales y humanos que utilizan en el desempeño de su actividad cumplen las condiciones establecidas en la presente norma.*

- **Artículo 31.** *Registro de empresas funerarias.*

  1. *Se crea el Registro de empresas funerarias en el Departamento de Sanidad, donde deberán inscribirse todas las empresas funerarias, autorizadas por los municipios de la Comunidad Autónoma del País Vasco.*
  2. *A tal efecto, y a fin de poder ejercer sus actividades, la empresa funeraria legalmente establecida en la Comunidad Autónoma del País Vasco deberá remitir al Departamento de Sanidad, en el plazo de un mes a partir de la fecha en que hayan sido autorizadas, los siguientes datos:*

     a. *Denominación y ubicación.*
     b. *Titular o titulares de la empresa.*
     c. *Número de Identificación Fiscal.*
     d. *Relación de actividades.*
     e. *Descripción de medios materiales y humanos.*

  3. *Cualquier modificación de los datos anteriores, así como la baja de la actividad, deberá ser comunicado al Registro de empresas funerarias del Departamento de Sanidad.*

Continúa en página siguiente >>

‹‹ Viene de página anterior

- **Artículo 32.** Actividad de servicios funerarios.

    1. La empresa funeraria deberá cumplimentar y remitir mensualmente al Departamento de Sanidad el Anexo IV de este Reglamento, en el que constarán los servicios funerarios realizados.
    2. Los datos de estos servicios funerarios solo podrán ser utilizados con fines estadísticos de interés para la salud pública, preservando en todo momento la confidencialidad de los mismos y ajustándose a lo establecido en la legislación vigente sobre tratamiento de datos de carácter personal.

- **Artículo 33.** Responsabilidad de las empresas funerarias.
  Las empresas funerarias serán responsables de los materiales que suministren y del correcto funcionamiento del servicio ofrecido, así como de la adopción de las medidas de protección necesarias para la manipulación de los cadáveres, preservando en todo caso la salud pública.
- **Artículo 34.** Servicios funerarios a personas indigentes.
  Los municipios de la Comunidad Autónoma del País Vasco asumirán a su cargo los costes de la prestación de los servicios funerarios de las personas indigentes que fallezcan en su término municipal

Capítulo II - Tanatorios:

- **Artículo 35.** Requisitos de los tanatorios.

    1. Los tanatorios ubicados en la Comunidad Autónoma del País Vasco deberán contar con unos espacios diferenciados de dimensiones suficientes para la actividad a la que se destinan, siendo los siguientes:

        a. Zona de recepción de cadáveres.
        b. Sala o salas de exposición de cadáveres: cada una de ellas constará de una zona de estancia para los familiares o público en general y cuyas condiciones higiénicas sean adecuadas (superficie, ubicación, ventilación, etc.). Respecto de dicha zona, el cadáver se hallará en un espacio aislado de esta y dotado de un sistema que permita a partir de las veinticuatro horas del fallecimiento su refrigeración independiente, y su mantenimiento a una temperatura inferior a 6 ºC. Asimismo, dispondrá de un dispositivo indicador de la temperatura interior que deberá ser visible desde el exterior.
        c. En el caso de realizarse prácticas de tanatopraxia, dispondrá de una sala que cumplirá las características señaladas en el artículo 11.1 de este Reglamento.

Continúa en página siguiente ››

<< Viene de página anterior

d. *Aseos para el uso exclusivo del personal, que incluyan inodoro, lavamanos y ducha.*

e. *Zona de recepción y de atención al público.*

f. *Zona administrativa.*

g. *Aseos para el público, que incluyan lavamanos e inodoro.*

2. *Las dependencias destinadas a los familiares y público en general tendrán acceso y circulación independiente de la zona de acceso y circulación del cadáver.*

3. *El instrumental utilizado en las prácticas de estética de cadáveres o de tanatopraxia será preferiblemente desechable. Si el material que se utiliza no fuera desechable, se dispondrá de unos sistemas adecuados de limpieza y esterilización. Todos los residuos generados se gestionarán de acuerdo con la legislación vigente que le sea de aplicación.*

- **Artículo 36.** *Autorizaciones sanitarias de tanatorios.*
Todo tanatorio queda sujeto a:

a. *Autorización administrativo-sanitaria previa de creación, concedida por el Departamento de Sanidad, posterior a la licencia de actividad municipal, tras la presentación de un proyecto técnico que contemple las condiciones y requisitos señalados en el artículo anterior.*

b. *Autorización administrativo-sanitaria de funcionamiento, otorgada por el Departamento de Sanidad, tras acreditar que cumple las condiciones y requisitos establecidos, lo que se constatará en la visita de inspección y posterior informe favorable.*

Castilla y León: *Decreto 16/2005, de 10 de febrero, por el que se regula la Policía Sanitaria Mortuoria en la Comunidad de Castilla y León.*

Capítulo VI. Servicios funerarios, empresas e instalaciones:

- **Artículo 22.** *Servicios funerarios.*

1. *Los servicios funerarios tendrán la consideración de servicios básicos para la comunidad y podrán ser prestados por las Administraciones Públicas, por empresas públicas, mixtas o privadas, y en régimen de concurrencia competitiva.*

2. *Corresponde a los Ayuntamientos la regulación de los servicios funerarios en su municipio.*

Continúa en página siguiente >>

<< Viene de página anterior

3. La protección de los intereses económicos y el derecho a la información de los usuarios de servicios funerarios se regirán, en el ámbito de la Comunidad de Castilla y León, por el Decreto 79/1998, de 16 de abril.

- **Artículo 23.** Prestaciones de las empresas funerarias.
Las empresas funerarias deberán asumir la prestación de los siguientes servicios:

   1. Informar y asesorar sobre sus servicios.
   2. Efectuar la recogida, conducción y traslado de cadáveres.
   3. Suministrar el féretro, caja de restos o urna cineraria.
   4. Prestar los servicios de velatorio y de tanatorio, propio o concertado.
   5. Aplicar las técnicas y prácticas de tanatopraxia.
   6. Realizar cualquier otra función, actividad y servicio propio o complementario de la actividad funeraria de acuerdo con los usos y costumbres del lugar.

- **Artículo 24.** Condiciones generales de las empresas funerarias.

   1. Las empresas funerarias contarán con personal adecuado, instalaciones y material necesario para prestar sus servicios, debiendo disponer como mínimo de:

      – Organización administrativa y personal idóneo.
      – Exposición y almacén de féretros con existencias de féretros comunes, de traslado y de medidas especiales, incluidos los infantiles.
      – Catálogo de servicios adecuados a los usos y costumbres del lugar.
      – Vehículos acondicionados para cumplir su función, sin que puedan ser utilizados para otros fines.
      – Medios precisos para la desinfección de vehículos, enseres, ropa y demás material.
      – Gestión de los residuos generados de acuerdo con las condiciones establecidas en la legislación que sea de aplicación.

   2. Las empresas funerarias serán plenamente responsables del personal con el que cuentan, los materiales que suministren, así como el correcto funcionamiento del servicio y de la adopción de medidas de protección necesarias para la manipulación de cadáveres.

- **Artículo 25.** Autorización y registro de empresas e instalaciones funerarias.

Continúa en página siguiente >>

<< Viene de página anterior

1. *La autorización para el establecimiento de las empresas funerarias corresponde a los Ayuntamientos en cuyo término se ubiquen, sin perjuicio de las demás autorizaciones que sean necesarias de conformidad con la normativa sectorial aplicable.*

Una vez entendido cómo se regulan estas empresas, vamos a ver más en profundidad los recursos **materiales** que se necesitan para el desarrollo de la actividad.

Estos recursos materiales se pueden categorizar en los 3 siguientes grupos:

1. **Infraestructura física:**

   ☉ **Funerarias y tanatorios:** estos son los lugares donde se recibe a las familias, se realizan velatorios y se efectúa la preparación de los cuerpos. Necesitan contar con salas de exposición del difunto, oficinas administrativas, áreas de atención al público y, de manera opcional, pueden contar con instalaciones de horno crematorio.
   ☉ **Tecnología y equipo técnico:** comprenden sistemas informáticos para la gestión de servicios, comunicaciones internas y externas, *software* para la organización de ceremonias, y plataformas de gestión administrativa que facilitan la coordinación entre diferentes departamentos.
   ☉ **Áreas de preparación:** espacios adecuadamente equipados para el embalsamamiento y preparación de los cuerpos, que cumplan con las normativas sanitarias vigentes y cuenten con ventilación adecuada y equipos especializados, como mesas de acero inoxidable, sistemas de esterilización y materiales de conservación.

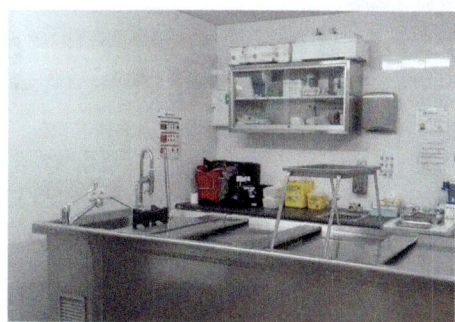

Sala de preparación de difuntos

2. **Vehículos:**

◑ **Coches fúnebres:** imprescindibles para el transporte del cuerpo desde el lugar del fallecimiento hasta la funeraria y, posteriormente, al cementerio o crematorio. Deben estar bien mantenidos, con personal capacitado, y deben seguir estándares de limpieza y respeto.

Coche fúnebre

◑ **Vehículos auxiliares:** al mismo tiempo, se requiere contar con vehículos disponibles para el transporte de ornamentos florales u otros materiales que requieran los servicios.

Furgoneta para transportes florales y de otros elementos

3. **Material básico y complementario:**

◑ **Féretros y urnas:** disponibles en diversas opciones de materiales y diseños para atender las preferencias y valores culturales de las familias.

Urna funeraria

- **Textiles y accesorios estéticos:** materiales como mortajas, sábanas sanitarias y elementos para la presentación del cuerpo, que cumplen tanto roles prácticos como ceremoniales.
- **Material sanitario:** material necesario en la preparación básica del difunto y su correcto proceso higiénico-sanitario, jabones, papel absorbente, pañales, alcohol, gasas, esponjas sanitarias, etc.
- **Cosméticos estéticos y productos de conservación:** maquillajes, correctores, sombras, pinceles, cremas hidratantes, polvos, productos líquidos de conservación, etc.

Productos cosméticos para la preparación estética del fallecido

Producto líquido para la conservación del cadáver

ʊ Material quirúrgico: tijeras, pinzas, agujas, bisturís, ganchos, etc.

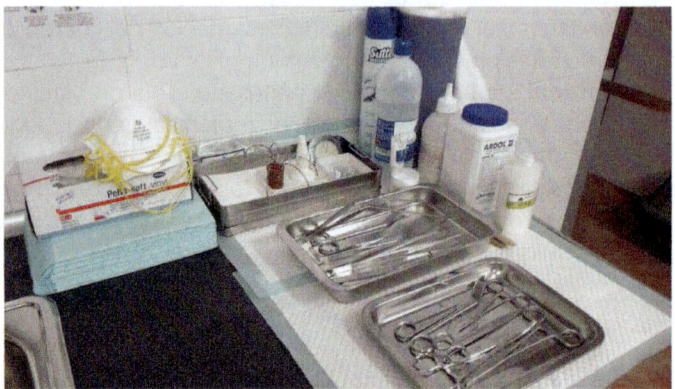

Material sanitario y quirúrgico

ʊ Material ceremonial: incluye símbolos religiosos específicos, así como velas, flores y música, necesarios para personalizar el servicio según las creencias y deseos de la familia.

2.2. Recursos humanos

La sincronización de recursos humanos y materiales en la industria funeraria es esencial para proporcionar un servicio de calidad que responda tanto a estándares prácticos como emocionales.

IMPORTANTE

El elemento humano es decisivo en la prestación de servicios funerarios. Todo el personal debe estar no solo capacitado técnicamente, sino también emocionalmente para interaccionar con los dolientes con empatía y profesionalidad.

Estos recursos humanos se pueden categorizar en los tres siguientes grupos:

1. **Personal directo:**

   - **Consejeros de duelo:** profesionales entrenados para apoyar a las familias antes, durante y después del servicio, proporcionando el soporte emocional y respeto hacia el dolor ajeno que la situación exige.
   - **Directores de funeraria:** encargados de coordinar todos los aspectos del servicio, incluyendo la logística, la planificación de la ceremonia y la atención directa a los familiares. Su rol es fundamental para asegurar que todos los detalles se ajusten a las expectativas culturales y personales de los clientes.
   - **Tanatopractores:** responsables de la preparación y conservación del cuerpo. Deben seguir procedimientos específicos que cumplan las regulaciones sanitarias y las expectativas tanto de las exigencias del servicio como de las familias.

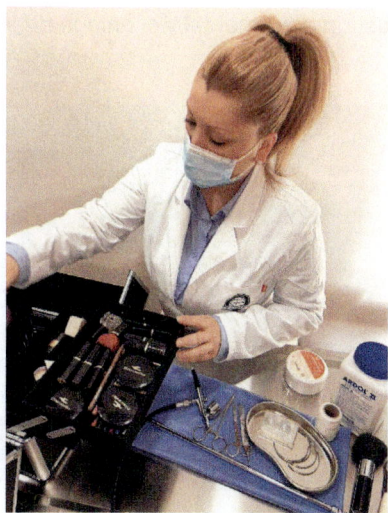

Tanatopractora preparando material

[119]

◉ **Conductores y personal de transporte:** su trabajo incluye no solo el transporte adecuado y respetuoso del cuerpo y materiales, sino también el mantenimiento y la limpieza del transporte para mantener los estándares de calidad.

Chófer de coche fúnebre uniformado

◉ **Agentes funerarios:** el agente funerario o asesor funerario es uno de los componentes en recursos humanos más importantes de la empresa. Su presencia requiere de una gran responsabilidad y compromiso. Su labor es la de atender directamente a los familiares, recoger sus peticiones y poner en marcha todo el servicio funerario. En la mayoría de las empresas son polivalentes y se encargan también tanto del transporte de los vehículos como de la preparación de los fallecidos, la gestión documental y el enlace directo con proveedores.

Agente funeraria

2. **Personal de soporte:**

- **Administrativos:** manejan la documentación legal y administrativa requerida, tal como permisos de entierro o cremación, certificados de defunción y arreglos financieros. Este personal asegura que los procesos fluyan sin problemas y que los aspectos legales y logísticos se traten con precisión.
- **Recepcionistas y atención al cliente:** primeros puntos de contacto para las familias, desempeñan un rol crucial al proyectar empatía, calidez y profesionalismo. Su interacción es vital para la imagen de la organización.

Recepcionista de tanatorio uniformado

- **Mantenimiento y limpieza:** aseguran que las instalaciones mantienen altos estándares de higiene y presentación, lo cual es esencial para la comodidad y satisfacción de los clientes.

3. **Planificación y formación continua:**

- **Programas de capacitación:** impartir programas regulares sobre habilidades técnicas y de atención al cliente. Estos temas pueden incluir la gestión del duelo, la ética funeraria y actualizaciones en materia de salud y seguridad. La formación continua juega un papel fundamental en la prestación de servicios de calidad.
- **Simulación de escenarios:** implementar prácticas y simulaciones que permitan al personal interactuar y resolver situaciones desafiantes de manera controlada. Esto mejora la competencia y seguridad del personal.
- **Charlas de sensibilización:** enriquecer la comprensión del personal sobre diversas creencias y prácticas culturales, a fin de respetar

y personalizar los servicios según sea necesario. Sin duda un buen recurso es la asistencia a conferencias.

SABÍAS QUE...

La formación continua es otro pilar esencial para asegurar que todo el personal esté actualizado respecto a protocolos de atención, cambios legislativos y tendencias culturales relevantes en la prestación de los servicios funerarios. Esto garantiza un desarrollo profesional que mantiene la capacidad de ofrecer una atención de la más alta calidad.

En definitiva, el personal, como recurso humano en los servicios funerarios, asegura que cada aspecto de la experiencia sea gestionado con la misma atención al detalle y respeto, permitiendo que las familias se concentren en lo que verdaderamente importa durante su tiempo de duelo.

Con esto en mente, la organización y coordinación entre los departamentos se convierte no solo en una función operativa, sino también en un acto continuo de cuidado y compasión hacia quienes han experimentado una pérdida.

NOTA

Desempeñar una labor funeraria requiere de empatía y sensibilidad, pero también es importante una correcta formación concreta del sector y seguir formándose a lo largo de toda la carrera profesional.

TAREA 4

Imagina que trabajas en un tanatorio. Hoy hay un servicio en el que los familiares están especialmente sensibles, ya que ha fallecido una persona muy joven.

Continúa en página siguiente >>

<< Viene de página anterior

Se dirigen a ti y te dicen que necesitan ayuda profesional con su proceso de duelo y preguntan si hay alguien en la funeraria que les pueda ayudar.

Explica si existe alguna figura entre los recursos humanos de la funeraria que pudiera asistir a su petición.

Y si existe esa figura, ¿quién es?, ¿qué papel desempeña?

----

3. Protocolo de comunicación en la empresa. Comunicación interdepartamental

☞ **HILO CONDUCTOR**

Como bien hemos visto en el apartado anterior, existen varios departamentos con los que Gustavo deberá ponerse en contacto dentro de su empresa. Para ello, deberá conocer los diferentes medios de los que dispone la empresa y su protocolo interno.

La comunicación juega un rol decisivo en el engranaje empresarial funerario. Un protocolo de comunicación bien definido no solo asegura que la información fluya con la rapidez y el detalle necesarios entre los distintos departamentos, sino que también evita malentendidos que podrían dar lugar a inconvenientes mayores en momentos críticos.

Además, la documentación asociada a estas comunicaciones, sea tratada manual o informáticamente, se convierte en un recurso fundamental, facilitando la trazabilidad, la memoria organizativa y el orden necesario para archivar y recuperar información con facilidad y eficacia.

Por ejemplo, imaginemos una situación en la que una familia solicita ciertos arreglos florales y un traslado específico al sepelio. Si no hay una adecuada comunicación interdepartamental entre el área de atención al cliente, logística y proveedores externos, las necesidades de la familia podrían no ser satisfechas, generando descontento en un momento ya de por sí difícil.

Sin embargo, cuando los departamentos trabajan armoniosamente, cada solicitud se maneja minuciosamente, dejando una impresión positiva y de cuidado personal que es crucial en estas circunstancias.

La comunicación en cualquier empresa es fundamental para su funcionamiento efectivo, pero cuando se trata de servicios tan delicados y personalizados como los que ofrece la industria funeraria, cobra una importancia aún mayor.

En el apartado anterior, exploramos los recursos materiales y humanos necesarios para la prestación de servicios funerarios. Es evidente que, sin un personal competente y recursos adecuados, ofrecer un servicio de calidad sería imposible. Ahora bien, contar con los mejores recursos no es suficiente. Hace falta una comunicación interdepartamental fluida y precisa para garantizar que cada servicio funerario se lleve a cabo de la manera más respetuosa y eficiente posible.

La prestación de servicios funerarios es un proceso que involucra múltiples departamentos dentro de una organización, cada uno de los cuales tiene un rol específico.

Desde la atención al cliente, pasando por logísticas como el transporte y acondicionamiento del cuerpo, hasta la coordinación del evento funerario propiamente dicho, todos requieren de una comunicación clara y efectiva.

La comunicación interdepartamental garantiza que cada fase del servicio se desarrolle sin contratiempos y de acuerdo con los deseos y expectativas de los clientes.

Para establecer un protocolo de comunicación efectivo, es importante entender los elementos fundamentales que la constituyen:

Claridad	- Cada mensaje y protocolo debe estar formulado claramente para evitar malentendidos. Esto incluye instrucciones precisas, responsabilidades bien definidas y cronogramas de acción exactos.
Consistencia	- Debe existir una estructura coherente en los procedimientos comunicativos entre departamentos. Todos los empleados necesitan comprender y aplicar el mismo sistema de comunicación.

Continúa en página siguiente >>

<< Viene de página anterior

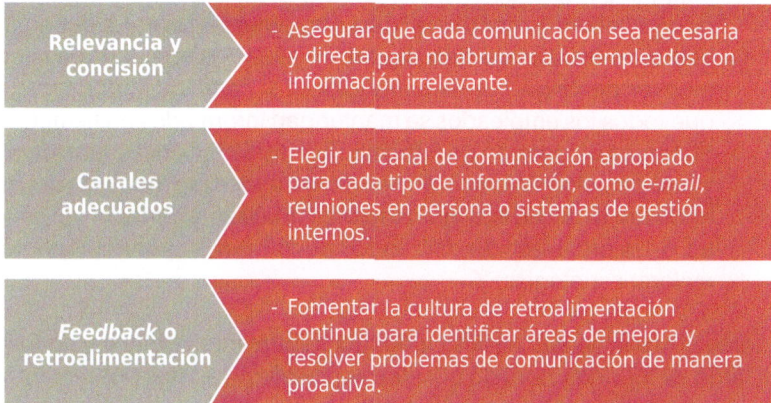

Se pueden diferenciar varios niveles de comunicación en la empresa:

1. **Descendente:** las instrucciones o noticias de la empresa que surgen en los niveles más superiores (directivos, gerentes, etc.) se traslada a los niveles inferiores.
2. **Ascendente:** esta comunicación ocurre cuando la información se realiza hacia arriba a través de la jerarquía de la propia empresa. Desde el empleado de categoría baja a los superiores.
3. **Horizontal:** se utiliza para intercambiar datos e información entre los miembros del mismo nivel jerárquico, es decir, de su mismo grupo.

3.1. Herramientas de comunicación interna

Las herramientas utilizadas en la comunicación dentro de la empresa pueden variar en función de factores como la estructura, el tamaño y la cultura de la misma, así como el perfil de los trabajadores, que es un aspecto esencial para la elección de la implementación de dichas herramientas.

Implementar herramientas modernas de comunicación puede revolucionar el modo en que los departamentos se conectan y colaboran, ganando agilidad y efectividad en la comunicación.

Actualmente, podemos encontrar algunas herramientas informáticas como, por ejemplo:

- **Software colaborativo:** herramientas como *Slack* o *Microsoft Teams* permiten la comunicación instantánea y organizan la información en grupos de trabajo, lo cual es útil para coordinar tareas entre departamentos.
- **Tableros de información digital:** en espacios comunes de la empresa, mostrar pantallas con actualizaciones y cambios importantes permite que todos los empleados se mantengan informados en tiempo real.
- **Sistemas de gestión de información (MIS):** facilitan el almacenamiento y recuperación de datos vitales, asegurando que todos los departamentos puedan acceder a información actualizada; también utilizados dentro de la organización para tomar decisiones, supervisar operaciones y mejorar estrategias.

Como herramientas básicas y de funcionamiento habitual y cotidiano a lo largo de los años, pero no por ello menos efectivas, nos podemos encontrar con:

- **Tablones de anuncios:** el tablón de anuncios es un espacio reservado para que los miembros de la empresa tengan acceso a documentos con información puntual. Puede recoger información del comité de empresa, sindicatos, delegados de personal, Departamento de RR. HH., participación en eventos u otras informaciones de interés para el empleado. Una gran ventaja de los tablones de anuncios es su sencillez; todo el personal puede acceder fácilmente, el coste es mínimo y la inclusión del personal para su utilización es del 100 %.

Ejemplo de tablón de anuncios

- **Buzón de sugerencias:** permite una comunicación ascendente facilitando que los trabajadores, de forma anónima o no, comuniquen sus ideas a la dirección. Esto permite conocer el grado de satisfacción de los trabajadores, así como su iniciativa de mejoras en la empresa y su involucración en ella.

⊃ **Reuniones planeadas presenciales:** bien sean diarias, semanales o mensuales, las reuniones regulares garantizan un espacio para abordar eventos actuales, planificar futuros servicios y revisar procesos pasados. Ayudan a que los miembros se sientan integrados y se llegue a acuerdos de funcionamiento comunes. Se considera una de las herramientas comunicativas de más importancia en la empresa.

Reunión presencial en grupo

Las reuniones de trabajo pueden ser de diferentes jerarquías, solo de superiores, solo de trabajadores o de toda la plantilla. En cualquiera de los casos es importante integrar a todas las personas que pertenezcan al mismo grupo; de lo contrario, algunas podrían sentirse desplazadas, generando un ambiente laboral negativo y poco productivo.

⊃ **Comunicación telefónica:** es una herramienta de comunicación directa, rápida y de fácil entendimiento entre departamentos. En la contratación de los servicios funerarios prevalece la rapidez y eficiencia; es por ello que esta herramienta resulta muy útil y la más utilizada en primera instancia a la hora de gestionar una comunicación interdepartamental en la empresa en la contratación y organización de los servicios.

Ejemplo de herramienta de comunicación telefónica en la empresa

 ACTIVIDAD COMPLEMENTARIA

3. Realiza una busqueda por internet de manera exhaustiva sobre diferentes métodos de comunicación interna en la empresa, tanto de manera telemática como presencial.
Realiza dos listados sobre lo recopilado, uno de comunicación telemática y otro de comunicación presencial.

3.2. Protocolos de comunicación

Cada empresa debe desarrollar sus propios protocolos de comunicación basados en su estructura y sus necesidades específicas.

Sin embargo, es importante que existan algunas pautas generales que son de gran utilidad y que adquieren un componente imprescindible para que toda comunicación sea efectiva y que la empresa obtenga un funcionamiento de alto rendimiento.

Vamos a mostrar unas pautas generales a seguir en la implementación de protocolos de comunicación dentro de la empresa:

Alineación de objetivos
- Asegurarse de que todos los departamentos comprendan los objetivos generales relacionados con la prestación de servicios funerarios y cómo sus roles contribuyen a estos objetivos.

Establecimiento de normas de comunicación
- Estas deben incluir aspectos como los tiempos de respuesta esperados para las comunicaciones entre departamentos, quién debe ser informado sobre ciertos tipos de actualizaciones, y cuál es el protocolo en situaciones de emergencia.

Capacitación continua
- Ofrecer formación constante sobre habilidades comunicativas conduce a un personal mejor preparado para enfrentar situaciones complejas y críticas.

Evaluación regular
- Hacer revisiones periódicas de los procesos de comunicación para identificar áreas de mejora y optimizar las prácticas existentes.

La comunicación interdepartamental nunca es perfecta desde el inicio, siempre hay margen para la mejora.

Identificar las barreras comunes dentro de la organización permite planificar intervenciones que las puedan mitigar.

Los empleados pueden superar sus barreras si se les proporcionan recursos y las empresas pueden implementar mejoras continuas para que todo fluya de una manera más positiva.

Ejemplos de mejoras continuas y superación de barreras:

Superar la resistencia al cambio
- Empleados o departamentos que se aferran a viejas formas de comunicación pueden ser un impedimento. Las sesiones de formación y facilitación del cambio pueden suavizar esta transición.

Continúa en página siguiente >>

<< Viene de página anterior

Minimizar ruido y distracciones
- Un entorno de trabajo en el que hay demasiados mensajes a la vez puede crear ruido de comunicación. Para combatir esto, definir prioridades en cómo y cuándo se transmite la información es esencial.

Fomentar la inclusión y la diversidad
- Asegurarse de que todas las personas dentro de la organización tengan la oportunidad de comunicarse, independientemente de su rol o jerarquía, es fundamental para una comunicación efectiva.

En conclusión, una comunicación interdepartamental sólida en la industria de servicios funerarios no solo asegura que los procesos internos se ejecutan de manera fluida, sino que también potencia la satisfacción del cliente al ofrecer un servicio respetuoso y profesional.

Al establecer protocolos claros, adoptar herramientas tecnológicas y fomentar una cultura de comunicación abierta, la organización se pone en una posición ventajosa para ofrecer servicios de alta calidad y evitar los inconvenientes derivados de la mala comunicación.

4. Documentación vinculada a la comunicación interdepartamental en servicios funerarios. Tratamiento manual e informático de la documentación

 HILO CONDUCTOR

En la funeraria Villa Cielo se va a realizar una reunión con todo el personal de la funeraria. El director de la funeraria le ha encargado a Gustavo que realice un documento de convocatoria y lo publique en el tablón de anuncios de la empresa.

En el ámbito de los servicios funerarios, la documentación vinculada a la comunicación interdepartamental desempeña un papel esencial en la ejecución eficiente y respetuosa de los procedimientos.

La calidad y la precisión en el manejo de la documentación son indispensables para asegurar que todos los aspectos de un servicio funerario se manejen con la debida diligencia, satisfacción del cliente y cumplimiento con las normativas legales.

En la prestación de servicios funerarios, la documentación cumple varias funciones esenciales: actúa como un registro oficial de los procedimientos realizados, una herramienta de coordinación entre departamentos y un medio para garantizar la transparencia y la responsabilidad.

La documentación adecuada es vital para garantizar que ningún detalle del servicio funerario pase por alto, desde la planificación inicial hasta la ejecución y el seguimiento posterior. Además, proporciona un registro que puede ser útil en caso de disputas o auditorías.

La documentación puede clasificarse en varios tipos, cada uno con su propósito y función específica:

Documentos de planificación
- Incluyen planes de servicios, acuerdos con los clientes y cronogramas de eventos. Estos documentos facilitan la coordinación entre diferentes departamentos, asegurando que todos los involucrados conozcan sus responsabilidades específicas.

Documentos legales
- Involucran certificados de defunción, permisos de entierro y cualquier otro documento necesario para verificar que todos los procedimientos cumplen con la normativa vigente.

Documentos de comunicación interna
- Avisos, *memorándums*, informes, convocatorias, actas de reuniones y órdenes de trabajo que facilitan el flujo de información y la coordinación eficaz entre los diferentes equipos.

En este apartado vamos a centrarnos en el tipo de documentos de comunicación interna. Todos ellos tienen su función específica y todos ellos son de gran utilidad. A continuación, vamos a realizar una descripción más concreta de cada uno:

1. **Avisos:** su objetivo principal es avisar a una o varias personas. Pueden realizarse por diferentes métodos de comunicación (carta, *e-mail*, escritos en tablones de anuncios).
2. **Memorándum:** documento escrito breve pero claro y definido. Sirve para intercambiar información entre distintos departamentos de una empresa. Habitualmente hay pautas que marcan su cumplimiento. Pueden ser manuales e informáticos.
3. **Informes:** realiza la petición de informe un miembro de la empresa de jerarquía superior. Se pide para describir y exponer detalladamente algo de interés. Puede pedirse por varios motivos como, por ejemplo: descripción de hechos en la empresa, descripción de actividades, descripción de reclamaciones o incidencias, descripción de una investigación interna, descripción de funcionamiento de personal o de maquinaria, etc. Pueden realizarse en formato manual o informático y de forma individual o grupal.
4. **Convocatorias:** es un comunicado de citación, para comunicar una reunión o comunicar el deseo de participar en algún acto de la empresa. Puede ser formal o informal y estar enfocada a una o varias personas a la vez. También se pueden desarrollar de forma manual o informática.
5. **Actas de reuniones:** es un documento escrito o un libro que registra los temas que se han tratado en una reunión y sus acuerdos. Con ello se pretende certificar lo acordado y darle validez. Hoy en día también se pueden encontrar en formato digital.
6. **Orden de trabajo:** es una herramienta fundamental en el día a día de las empresas, sobre todo en aquellas del sector servicios. Una orden de trabajo es un formulario que reúne información sobre las tareas pendientes a realizar por los trabajadores en su actividad diaria; se detalla un conjunto de información muy precisa. Su uso mejora la eficiencia y productividad de los equipos de trabajo, ya que funciona como una especie de diario de las actividades a realizar en la empresa. En el ámbito funerario es de gran ayuda entre departamentos.

◁◎▷ EJEMPLO

En el departamento de agentes funerarios que realizan el servicio de recogidas de fallecidos, la orden de trabajo es una herramienta imprescindibe en los cambios de turno, tanto nocturno como diurno, y en la conexión directa con el laboratorio. El funerario, en base a las peticiones de los familiares, creará una orden de trabajo para el tanatopractor con el trabajo a desempeñar con el fallecido. En él se especificarán hora de recogida, hora de exposición en velatorio, motivo de fallecimiento, tipo de vestimenta para su velorio, trabajos estéticos o conservadores, etc. También nos podemos encontrar esta orden de trabajo entre el departamento de recepción y el chófer funerario; se le facilita al chófer su ruta de trasporte mediante una orden de trabajo.

coplein

OF: 250021

CLIENTE: ONITY

Nº Pedido: **250021**

Fecha entrega: **14/02/2025**

PEDIDO CLIENTE : NOR22994

Pos	Código	Descripción	Nº piezas	Material	Operaciones	✓	Operario	Uds Fab	Fecha	Cantidad Total
1	PEF114AI	FRENTE ESPECIAL 28X300	400	GR 3mm	CORTE AVELLANAR PICO 80 X CAJA					

Control final realizado por :

16/01/2025 12:42

Ejemplo de orden de trabajo de una empresa de fabricación

SABÍAS QUE...

Muchas funerarias combinan métodos de archivo de sus documentos y expedientes manuales e informáticos. El poder acceder de manera manual agiliza la búsqueda de información directa y el archivo informático garantiza una seguridad de los mismos, evitando extravíos o pérdida por catástrofes en la empresa como inundaciones o incendios.

- -

Como hemos comprobado, con el avance de las tecnologías y la implementación de nuevos programas informáticos, cualquier tipo de documentación se puede realizar de manera informática y realizar su envío y comunicación por el mismo medio.

Para decantarse por la forma de utilización más eficiente, se deben tener en cuenta una serie de pros y contras de cada uno de ellos.

4.1. Tratamiento manual de la documentación

El tratamiento manual de la documentación implica la preparación, manejo y archivo físico de documentos.

Este método, aunque tradicional, sigue siendo relevante en muchos aspectos de la comunicación interdepartamental debido a dos ventajas específicas básicas:

Control tangible

- Los documentos físicos permiten un control tangible e inmediato sobre el proceso de manejo y archivo de la información.

Simplicidad

- Los procedimientos manuales pueden ser más simples de implementar en organizaciones que aún no han adoptado tecnologías avanzadas para el manejo de la documentación.

Sin embargo, el tratamiento manual presenta desventajas, como el riesgo de pérdida o daño de los documentos, el aumento en los tiempos de procesamiento y el potencial de errores humanos.

4.2. Tratamiento informático de la documentación

A medida que la tecnología avanza, el tratamiento informático de la documentación se ha convertido en una práctica cada vez más común en los servicios funerarios.

Este método ofrece varios beneficios significativos:

Eficiencia
- El procesamiento informático permite una rápida captura, almacenamiento y recuperación de documentos, lo cual es esencial en comunicaciones que requieren agilidad en el flujo de información.

Accesibilidad
- Los departamentos pertinentes pueden acceder fácilmente a los documentos digitales de manera remota, lo cual facilita la colaboración interdepartamental incluso cuando el personal no está físicamente presente.

Reducción de errores
- Los sistemas informáticos pueden incluir validaciones automáticas que reducen el margen de error humano en la captura y transmisión de datos.

Con el propósito de optimizar el tratamiento de la documentación, los servicios funerarios pueden beneficiarse del uso de herramientas tecnológicas y soluciones informáticas, tales como:

1. **Sistemas de Gestión Documental (SGD):** estos sistemas facilitan la captura, almacenamiento, organización y recuperación de documentos, garantizando que la documentación esté en constante actualización y sea accesible para todos los departamentos implicados.
2. **Plataformas de comunicación interna:** herramientas y aplicaciones como *Microsoft Teams*, *Slack* o plataformas específicas de gestión de proyectos que permiten una comunicación eficiente y el archivo de

información relevante, incrementando así la eficacia en la resolución de tareas y coordinación de eventos.

3. *Software* **de planificación de servicios:** programas especializados que ayudan en la creación de cronogramas, incluyendo comunicaciones automáticas entre departamentos para actualización de tareas y responsabilidades.

IMPORTANTE

Para que los empleados realicen las gestiones correctamente con las diferentes herramientas y soluciones informáticas, y así evitar problemas mayores, es muy importante que se provea al empleado de una correcta formación sobre su utilización y su uso adecuado.

4.3. Seguridad y confidencialidad en el manejo de documentación

Independientemente del método utilizado (manual o informático), es fundamental implementar medidas de seguridad adecuadas para proteger la confidencialidad e integridad de los datos.

Los servicios funerarios manejan información sensible relacionada con clientes y sus familias, por lo que la empresa debe asegurarse de que toda la información esté protegida contra accesos no autorizados.

La eficacia en el manejo de la documentación depende en gran medida del personal encargado de su tratamiento. La capacitación adecuada es una inversión necesaria por parte de la empresa; cursos y talleres que actualicen al personal sobre mejores prácticas, nuevas tecnologías disponibles y cambios en normativas legales, asegurando un manejo de documentos eficiente y acorde con las tendencias del sector.

Es importante un protocolo de seguridad y custodia donde cada documento deba tener a una persona responsable claramente asignada, encargada de garantizar su integridad desde su creación hasta su archivo seguro o eliminación, según corresponda.

Existen normativas legales donde se regula la protección de datos, que las empresas deben cumplir obligatoriamente. Estas normativas dan las pautas exhaustivas sobre el procedimiento de los datos, tanto para su almacenaje como para su destrucción.

Por ejemplo, en los casos tanto manual e informáticos, vamos a ver algunos medios/herramientas físicas de seguridad documental:

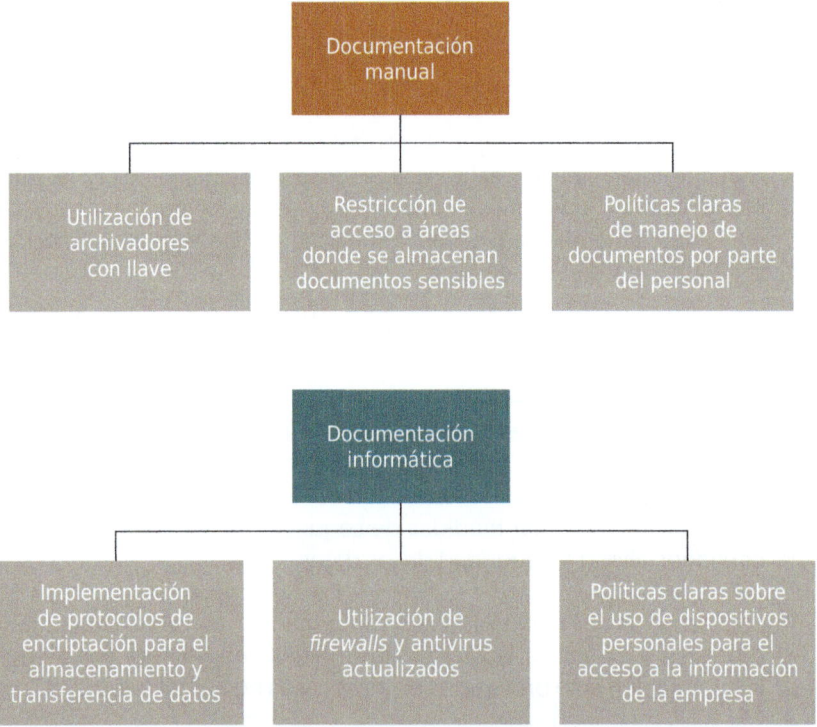

Finalmente, el manejo eficiente de la documentación vinculada a la comunicación interdepartamental repercute directamente en la satisfacción del cliente.

Un sistema de documentación bien estructurado permite ofrecer servicios personalizados y con alta atención al detalle, disminuyendo la probabilidad de errores o malentendidos que puedan comprometer la confianza del cliente en el servicio ofrecido.

NOTA

Si la empresa no da valor a la formación del personal, ni toma las medidas adecuadas para la seguidad de la documentación, pueden cometerse errores graves que afecten directamente a los clientes de los servicios. Esto deriva en una negligencia grave y está recogida en el Código Penal y en la Ley de Protección de Datos Personales y Garantía de los Derechos Digitales (LOPDGDD).

- -

APLICACIÓN PRÁCTICA

Son las 18:00 h y Gustavo se encuenta en su puesto de trabajo, concretamente en una de las oficinas centrales, atendiendo directamente a los solicitantes de los servicios funerarios.

Tras recibir una llamada telefónica del centro de llamadas de la funeraria Villa Cielo, le comunican que se dirige hacia su oficina una familia que desea contratar un servicio funerario. Son las 18:30 h y los familiares ya llegan a la oficina de Gustavo. En ese mismo momento, le trasmiten a Gustavo los deseos particulares a llevar a cabo sobre el servicio. Entre ellos recalcan que quieren agilidad en el proceso y que todo se realice al día siguiente. Además, quieren contratar el servicio de incineración.

Gustavo debe dar respuesta inmediata a las peticiones familiares y coordinar el servicio entre los departamentos.

¿Cómo sabe Gustavo si al día siguiente las instalaciones de horno crematorio están disponibles? Y si están disponibles, ¿en qué horarios?

De todas las opciones de herramientas de comunicación interna de las que dispone Gustavo, ¿qué herramienta de comunicación entre departamentos será la más adecuada en esa situación?

Solución

Gustavo debe identificar la disponiblilidad de las instalaciones que demanda este servicio funerario y, además, por su carácter de premura, debe realizar

Continúa en página siguiente >>

<< Viene de página anterior

las gestiones de comunicación interdepartamental con agilidad para poder dar respuesta rápida y realizar una correcta y eficiente organización del servicio. Por todas esas características, la herramienta de comunicación interna más adecuada sería la comunicación telefónica, ya que garantiza una comunicación ágil, directa, rápida y de fácil entendimiento.

Gustavo debe llamar al responsable del departamento de horno crematorio y obtener la información de forma directa y rápida sobre disponibilidad en día y horario para proceder a la petición del servicio de incineración y poder dar respuesta inmediata a los familiares.

5. Resumen

Las prestaciones de los servicios funerarios requieren de la manipulación y tratamiento de un volumen alto de documentación oficial, legal e interna. El personal funerario debe tener un alto conocimiento de todos ellos, y también de la ley que los regula.

Los elementos que preservan la memoria del fallecido ayudan en los procesos de duelo y en el ritual de despedida del fallecido.

Es importante una correcta comunicación entre departamentos de la empresa, ya que de ello depende un servicio de calidad y un desarrollo adecuado incrementando un ambiente laboral favorable. Para ello, la empresa debe de disponer tanto de recursos materiales como humanos y darle valor a la formación de sus empleados.

La documentación vinculada a la comunicación interdepartamental en servicios funerarios es un pilar en la organización efectiva de estos servicios.

Mediante el tratamiento manual e informático de la documentación, la implementación de medidas de seguridad adecuadas y la capacitación continua del personal, las empresas del sector pueden garantizar una prestación de servicios confiables y de calidad, afianzando su posición competitiva en el mercado.

Ejercicios de autoevaluación
Unidad de Aprendizaje 3

1. Los recursos materiales se dividen en tres grupos. Indica cuáles son:

_____

_____

_____

_____

2. ¿A qué grupo de recursos materiales pertenece la siguiente descripción?

"Materiales como mortajas, sábanas sanitarias y elementos para la presentación del cuerpo, que cumplen tanto roles prácticos como ceremoniales".

    a. Infraestructura física

    b. Material básico y complementario

    c. Vehículos

    d. Todas las opciones son incorrectas.

3. Elige la respuesta correcta sobre la descripción del personal directo correspondiente a los agentes funerarios:

    a. Profesionales entrenados para apoyar a las familias antes, durante y después del servicio.

    b. Responsables de la preparación y conservación del cuerpo.

    c. Su trabajo incluye el trasporte adecuado y respetuoso del cuerpo.

    d. Es un recurso humano de los más importantes de la empresa, en la mayoría de las empresas son polivalentes y se encargan de todas las acciones.

4. Indica si las siguientes oraciones sobre el personal de soporte son verdaderas o falsas:

a. El personal administrativo maneja documentación legal, tal como permisos de entierro o cremaciones.

- Verdadero
- Falso

b. Los recepcionistas también realizan recogidas de fallecidos.

- Verdadero
- Falso

c. La limpieza y mantenimiento de los vehículos corresponde al personal de limpieza.

- Verdadero
- Falso

d. El personal de limpieza asegura que las instalaciones se mantengan con un estándar alto en higiene.

- Verdadero
- Falso

5. Elige la respuesta correcta sobre las herramientas de comunicación interna:

a. Los *software* colaborativos son herramientas que permiten una comunicación instantánea y resultan útiles para coordinar tareas entre departamentos.
b. El tablón de anuncios es un espacio reservado para que los miembros de la empresa tengan acceso a documentos con información puntual.
c. Las reuniones presenciales ayudan a que los miembros se sientan integrados.
d. Todas las opciones son correctas.

6. **Indica cuatro elementos clave de la comunicación interdepartamental:**

_____

_____

_____

_____

7. **Relaciona la descripción de las pautas generales en un protocolo de comunicación dentro de la empresa con el concepto correspondiente:**

   a. Evaluación regular
   b. Capacitación continua
   c. Establecimiento de normas de comunicación
   d. Alineación de objetivos

   __ Deben incluir los tiempos de respuesta entre departamentos.
   __ Hacer revisiones periódicas de los procesos de comunicación.
   __ Todos los departamentos comprenden los objetivos generales, sus roles y cómo contribuyen a los objetivos.
   __ Conduce a un personal mejor preparado para enfrentar situaciones complejas.

8. **Indica tres aspectos en las mejoras comunicativas y la superación de barreras que pueden llevar a cabo los empleados y la empresa:**

_____

_____

_____

_____

9. **Indica si las siguientes oraciones, referentes a la documentación interdepartamental, son verdaderas o falsas:**

   a. Los documentos de planificación incluyen planes de servicios, acuerdos con clientes y cronogramas de eventos.

   ■ Verdadero
   ■ Falso

b. Una orden de trabajo es un documento que reúne información sobre tareas pendientes a realizar por los trabajadores.

- Verdadero
- Falso

c. El libro de actas registra solo los temas importantes que se han tratado en una reunión y sus acuerdos.

- Verdadero
- Falso

10. **Relaciona la descripción de medios y herramientas para los procesos de seguridad documental con su correspondiente grupo de documentación:**

a. Documentación manual
b. Documentación informática

__ Políticas claras de manejo de documentación por el personal.
__ Implementación de protocolos de encriptación.
__ Restricción de acceso a zonas de almacenamiento.
__ Utilización de *firewalls* y antivirus.
__ Utilización de archivadores con llave.
__ Políticas claras sobre el uso de dispositivos.

Aplicación de la normativa básica aplicada a la gestión de los servicios funerarios

Contenido

Objetivos

Los objetivos específicos de esta Unidad de Aprendizaje son:

→ Identificar la información que se guarda y custodia por el personal y la normativa que posibilita garantizar su confidencialidad.

→ Adquirir conocimientos sobre normativas en los servicios funerarios, tanto preventivas como de aplicación activa continua.

1. Introducción

La aplicación de la normativa básica referente a la gestión de los servicios funerarios resulta de vital importancia, ya que garantiza y regula los procedimientos, asegurando que se lleven a cabo con el máximo respeto, seguridad y eficiencia.

La correcta aplicación de estas normativas es fundamental por múltiples razones. En primer lugar, garantiza que se cumplan los estándares necesarios para la prevención de riesgos laborales, protegiendo la salud y seguridad de los trabajadores. Atender a las normativas pertinentes asegura un entorno de trabajo seguro, lo que repercute en un servicio más eficaz y profesional, minimizando la ocurrencia de accidentes o problemas de salud entre quienes desempeñan tareas tan delicadas.

Asimismo, el cumplimiento del Reglamento de Policía Sanitaria Mortuoria es necesario para asegurar que todas las operaciones relacionadas con el tratamiento y manejo de los cuerpos se realicen de acuerdo con las disposiciones legales y sanitarias vigentes. Este reglamento no solo busca mantener la integridad física de quienes trabajan en los servicios funerarios, así como la salud pública general, sino también conservar el debido respeto a los fallecidos.

Otro encabezado esencial en la gestión de los servicios funerarios es la normativa de protección de datos. En un mundo cada vez más digitalizado, la protección de la información personal se ha convertido en una prioridad. Esto es particularmente relevante cuando se maneja información confidencial relacionada con las personas fallecidas y sus familias. Implementar medidas adecuadas para proteger estos datos no solo es un requerimiento legal, sino también una cuestión ética, que refuerza la confianza del público en la organización de servicios funerarios.

Por último, la normativa sobre registro civil es otra pieza clave en este rompecabezas normativo. Esta estipula los procedimientos formales y legales necesarios para el registro de defunciones, asegurando la precisión y legitimidad de los datos registrados. Esto tiene un impacto considerable en la documentación legal y en el acceso a beneficios o procedimientos *post mortem,* y afecta tanto a las familias como a entidades institucionales.

Por ejemplo, consideremos el caso de Gustavo, que trabaja en la funeraria Villa Cielo y ha recibido el encargo de gestionar los servicios para el fallecimiento de una persona en una gran ciudad. Gustavo debe asegurarse de seguir minuciosamente todas las normativas, desde las condiciones sanitarias hasta la verificación de documentos en el registro civil y la confidencialidad de los datos personales de la familia afectada. De no hacerlo, la funeraria no solamente se enfrentaría a sanciones legales, sino que también arriesgaría su reputación y, por ende, la reputación de la funeraria en la comunidad, algo fundamental para mantener la confianza y el respeto en un sector donde la sensibilidad y el tacto son esenciales.

2. Normativa de prevención de riesgos laborales

 HILO CONDUCTOR

Esta semana a Gustavo le toca trabajar en el turno de mañana. Nada más incorporarse a su turno se acerca al tablón de anuncios de su departamento y observa que hay un documento publicado. Es una convocatoria de formación: por la tarde, a las 16:00 h, se va a proceder a realizar una formación de prevención de riesgos laborales a toda la plantilla de su departamento. A Gustavo no le apetece nada y se está planteando no asistir. ¿Podrá Gustavo negarse a su asistencia?

La prevención de riesgos laborales es un aspecto crucial en cualquier ámbito de trabajo, y los servicios funerarios no son una excepción.

Esta normativa se centra en garantizar la seguridad y salud de los trabajadores, mediante la identificación, evaluación y control de los riesgos laborales a los que pueden enfrentarse. En este apartado exploraremos las normativas relevantes, las prácticas recomendadas y las medidas preventivas que deben implementarse para asegurar un entorno laboral seguro en el sector funerario.

Para comenzar a entender la normativa de prevención de riesgos laborales, es imprescindible destacar el marco legal que la sustenta. En la mayoría de los países existen leyes y regulaciones específicas que establecen las obligaciones de los empleadores y los derechos de los trabajadores respecto a la seguridad laboral. Estas normativas suelen derivar de directrices internacionales, como las establecidas por la Organización Internacional del Trabajo (OIT), y se adaptan a las características propias de cada nación.

Vamos a conocer un poco más sobre la Ley 31/1995 de Prevención de Riesgos Laborales en España.

Esta ley es una incorporación al derecho español de la Directiva Europea 89/391/CEE, y constituye la legislación laboral, conforme al art. 149.1,7º de la Constitución:

El estado tiene competencia exclusiva sobre las siguientes materias:

■ *7ª Legislación laboral; sin perjuicio de su ejecución por los órganos de las comunidades autónomas.*

Se aplica en el contexto de las relaciones laborales reguladas en el Estatuto de los Trabajadores, pero también en relaciones de carácter administrativo o estatutario del personal civil al servicio de las Administraciones públicas; quedan al margen algunas actividades públicas.

Pero, ¿qué objetivo tiene la Ley de Prevención de Riesgos Laborales?

Promover la seguridad de los trabajadores.

Promover la salud de los trabajadores.

Para ello, se implementan una serie de medidas y controles que se adaptan en específico a las características de la actividad laboral.

Estas medidas se basan en:

➲ Evaluación de riesgos
➲ Planificación y gestión de la seguridad laboral
➲ Supervisión y revisión continua

2.1. Evaluación de riesgos en la actividad laboral funeraria

En el sector funerario, al igual que en cualquier otro ámbito laboral, es fundamental garantizar la seguridad y el bienestar de los trabajadores. La prevención de riesgos se convierte en una herramienta clave para evitar accidentes y enfermedades profesionales.

Este sector se enfrenta a una serie de riesgos específicos que requieren una atención especial en términos de prevención.

La manipulación de cargas pesadas, la exposición a productos químicos y biológicos, así como la necesidad de lidiar con situaciones de emergencia son solo algunos ejemplos de los peligros a los que se enfrentan los trabajadores del sector.

La prevención de riesgos se convierte, por tanto, en una herramienta esencial para garantizar la seguridad y el bienestar de los empleados.

El primer paso para implementar una normativa efectiva de prevención de riesgos laborales es realizar una evaluación exhaustiva de los riesgos presentes en el entorno de trabajo.

En los servicios funerarios, esta evaluación debe abordar diferentes facetas:

⮑ **Riesgos biológicos.** El contacto con cadáveres puede representar un riesgo de exposición a agentes patógenos. Esto es especialmente crítico si se trata de cuerpos afectados por enfermedades infecciosas o al entrar en contacto con fluidos corporales. Para mitigar este riesgo, es esencial implementar medidas estrictas de higiene y utilizar equipos de protección personal (EPI) como guantes, batas, mascarillas y trajes de protección:

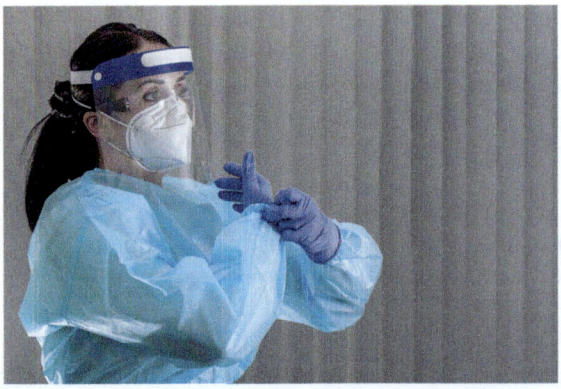

Equipamiento de protección individual (EPI)

⮑ **Riesgos ergonómicos.** Los trabajadores funerarios a menudo deben realizar tareas que implican esfuerzos físicos significativos, como levantar y trasladar cuerpos. Las evaluaciones ergonómicas deben identificar tareas que puedan causar lesiones por esfuerzo repetitivo o malas posturas, e implementar soluciones como herramientas adecuadas y técnicas de levantamiento seguras, como flexionar las rodillas y mantener la espalda recta.

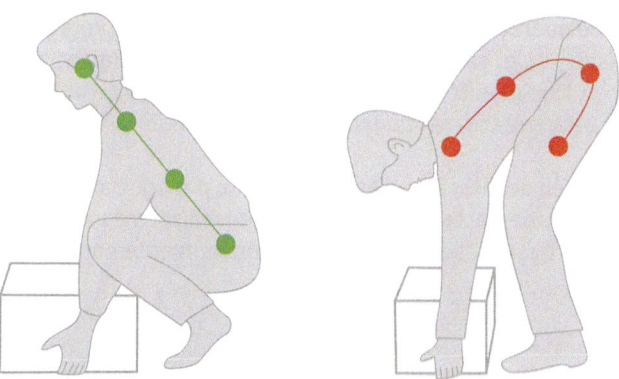

Postura correcta para el levantamiento de pesos

- **Riesgos químicos.** Algunos productos utilizados en la preparación de los cadáveres, como formaldehído u otros agentes de embalsamamiento, son químicos que presentan riesgos para la salud. Las normativas requieren un manejo cuidadoso de estos productos, incluyendo el uso de ventilación adecuada y EPI (equipo de protección individual), además de garantizar que los trabajadores estén formados en el uso seguro de estas sustancias.
- **Riesgos psicosociales/estrés.** El trabajo en el sector funerario puede implicar estrés emocional significativo, debido al frecuente contacto con la muerte y el duelo. Las organizaciones deben evaluar los posibles riesgos psicosociales y promover un ambiente de trabajo que apoye el bienestar mental de sus empleados. Esto puede incluir el acceso a recursos de salud mental y la promoción de un clima laboral empático. El estrés es una reacción fisiológica del organismo, es una respuesta para hacer frente a una situación percibida como amenazante, ya sea una amenaza real o imaginaria. En esta reacción natural y adaptativa del organismo intervienen mecanismos de defensa, tanto físicos como psicológicos, necesarios para la supervivencia. Cada persona es única, por lo que las situaciones o amenazas que pueden provocar estrés son diferentes para cada persona, pero sí hay factores de estrés comunes en el ámbito funerario que son repetitivos en los trabajadores.

 **NOTA**

El uso de guantes desechables es fundamental para proteger las manos de los trabajadores del sector funerario de posibles contaminaciones y lesiones. Se deben utilizar guantes adecuados para cada tarea y se deben cambiar regularmente para evitar la propagación de agentes patógenos.

La utilización de mascarillas es esencial para proteger las vías respiratorias de los trabajadores del sector funerario. Se deben utilizar mascarillas adecuadas según el nivel de riesgo y se deben cambiar regularmente para asegurar su eficacia.

Es importante hacer hincapié en este tipo de riesgo, ya que es uno de los más comunes en la profesión. Entender en profundidad cuáles son los factores desencadenantes ayuda a una posible prevención y una correcta asimilación natural y sana.

Vamos a analizar los factores que pueden provocar este tipo de riesgo en el sector funerario:

Circunstancias del puesto de trabajo
- Las empresas funerarias trabajan 24 horas al día, 365 días al año. Esto implica distintos turnos, horarios y su rotación, e implica trabajar fines de semana y festivos. Estos horarios pueden no ser fácilmente conciliables con otras facetas de la vida del trabajador, y eso puede llegar a producir un desgaste.

Contacto permanente con los familiares y allegados de los fallecidos
- Los trabajadores de una funeraria están constantemente en contacto con personas que presentan estados emocionales muy intensos por la pérdida de un ser querido. Esta condición tan especial y concreta del ambiente puede aumentar el estrés. El tipo de defunción también determinará el grado de afectación emocional a los trabajadores. Habrá más carga emotiva y más riesgo de estrés en el trato con familiares de servicios judiciales, fallecimiento de niños o de pérdidas múltiples, y menos riesgo de estrés en la muerte natural de personas mayores.

Continúa en página siguiente >>

<< Viene de página anterior

Ambiente laboral tenso
- Si el trabajador tiene una mala relación con los compañeros y trabaja a disgusto, su estado de ánimo y de disposición para atender a las familias será totalmente deficiente. Esta situación no es exclusiva del sector funerario. Se debe procurar crear un ambiente de trabajo agradable, con unas buenas relaciones, logrando obtener el estado de calma y relajación necesario para poder atender con calidad a los clientes.

Imagen social del trabajo funerario
- Trabajar en una funeraria/tanatorio no es algo convencional. Es más habitual conocer a un médico o a un cocinero que a un trabajador de funeraria. Aunque es una labor necesaria, no está suficientemente reconocida por la sociedad. Es frecuente que muchas personas sientan reparo hacia la muerte y los tanatorios, y extiendan esta sensación a las personas que trabajan en ello.

El estrés puede derivar en un grave problema de salud mental. Es por ello que requiere de atención, y debemos prestarle la importancia necesaria.

Puede provocar síntomas como disminución o pérdida de autoestima, aumento considerable de la irritabilidad, disminución de la motivación, aparición de ansiedad, depresión e incluso deseos de suicidio. Algunos estudios han relacionado el cáncer con estilos de vida y hábitos con presencia de estrés excesivo.

Empleada con síntomas de estrés excesivo

IMPORTANTE

La Ley 31/1995, de 8 de noviembre, de Prevención de Riesgos Laborales establece la obligatoriedad de la formación en prevención de riesgos laborales para todos los trabajadores en España. La formación debe ser facilitada y gestionada por la empresa sin que suponga ningún coste para el trabajador.

¿Cómo podemos ayudarnos ante situaciones de estrés?

La relajación es una de las claves para liberar nuestro cuerpo del estrés. Lo ideal es centranos en liberar el cuerpo del estrés desde dos aspectos:

1. **El aspecto físico:** consiste en ayudar al cuerpo a conseguir una relajación muscular. Los ejercicios de relajación muscular, si se realizan de una manera continuada, cada vez se realizarán con más rapidez y facilidad, consiguiendo más relajación. El objetivo consciente sería incluirlos en la vida diaria y en los momentos de estrés.
   Cuando se respira con rapidez se consume una cantidad excesiva de dióxido de carbono y oxígeno. Esto provoca mareo y sensación de ansiedad. Aprender a controlar **la respiración** proporciona paz y tranquilidad. Un método recurrente si tenemos una respiración excesiva es respirar dentro de una bolsa de papel; de esta forma, al respirar una y otra vez el mismo aire, el contenido de dióxido de carbono aumenta y el oxigeno disminuye y se establece el equilibrio. Otro método consiste en cerrar los ojos y, de forma consciente, centrándonos en nuestra respiración, se procede a inhalar aire por la nariz, llenando bien los pulmones, aguantar la respiración un par de segundos y exhalar el aire por la boca, aprendiendo a controlar la respiración y la musculatura.
2. **El aspecto psicológico:** una vez ayudado al cuerpo a conseguir una relajación física, vamos a tratar de **ser conscientes** con percepciones que desencadenan el estrés.
   Analizar con calma las situaciones diarias que nos han generado el estrés puede ayudarnos a verlo desde otra perspectiva. Realizarnos algunas preguntas sobre la situación vivida como, por ejemplo, ¿por qué me ha desbordado esta situación?, ¿qué necesito para poder sobrellevarla de otra manera?, ¿está en mi mano cambiarla?, ¿puedo organizarme de otra manera para llevarlo con más calma?, ¿puedo pedir ayuda para que esas situaciones me resulten o sean más llevaderas? Plasma las preguntas en un papel y poco a poco escribe sus respuestas tomándote el tiempo necesario para ello.

Una vez identificados los riesgos, el siguiente paso es la planificación y gestión integral de la seguridad en el trabajo. Esto implica desarrollar un plan de prevención que incluya:

1. **Investigación de incidentes:**

   ◉ **Investigación:** en caso de que ocurra un accidente o incidente, es crucial realizar investigaciones exhaustivas para determinar la causa raíz, lo que permitirá implementar acciones correctivas y prevenir futuras ocurrencias.

   ◉ *Feedback* **del personal:** involucrar a los trabajadores en el proceso de revisión de seguridad aumenta la eficacia de las medidas implementadas, a la vez que fomenta una cultura de seguridad activa, donde todos los miembros del personal se sienten responsables de la seguridad laboral.

2. **Planificación y gestión de la seguridad laboral:**

   ◉ **Medidas de seguridad colectiva:** estas medidas están orientadas a proteger a todos los trabajadores mediante la implementación de dispositivos y procedimientos que minimicen el riesgo de accidentes. En el caso de los servicios funerarios, esto puede incluir la instalación de sistemas de ventilación en áreas de embalsamamiento, la correcta disposición de herramientas y equipos, y la señalización adecuada para advertir sobre peligros específicos.

   ◉ **Medidas de protección individual:** aunque las medidas colectivas son preferibles, el uso de equipos de protección personal es fundamental para abordar riesgos específicos que no puedan eliminarse completamente. La normativa exige que los empleadores proporcionen EPI adecuados a todos los trabajadores y que se aseguren de su uso correcto y constante.

   ◉ **Formación y capacitación:** una fuerza laboral bien capacitada es más probable que cumpla con las prácticas de seguridad. Los empleadores deben ofrecer capacitación regular y personalizada en técnicas seguras de trabajo, uso correcto de EPI y respuesta ante emergencias.

   ◉ **Plan de emergencias:** las empresas deben contar con un plan de emergencia efectivo que detalle los procedimientos para responder a situaciones críticas, como exposiciones accidentales a agentes infecciosos o incendios. Este plan debe incluir procedimientos de evacuación, primeros auxilios y comunicación efectiva con los servicios de emergencia.

3. **Supervisión y revisión continua:**

○ **Auditorías internas:** la seguridad no es una responsabilidad estática; requiere supervisión y revisión constantes para responder a cambios en el entorno operativo y a la aparición de nuevos riesgos. Los empleadores deben establecer sistemas de supervisión y realizar revisiones periódicas de los procedimientos de seguridad existentes para identificar cualquier desviación de la normativa o áreas de mejora.

 TAREA 5

Es sábado y Gustavo está teniendo un día de mucho trabajo. Tiene mucha documentación que rellenar y, además, tiene expedientes del día anterior pendientes de gestionar y almacenar.

Gustavo se encuentra mal. Al acabar su turno llega a su casa y se da cuenta de que tiene ansiedad y está muy irritable.

a. ¿Por qué se encuentra mal?
b. ¿Qué puede hacer para encontrarse mejor?

2.2. Impacto de la normativa en la cultura organizacional

Implementar y adherirse a una normativa de prevención de riesgos laborales no solo protege a los trabajadores, sino que también influye positivamente en la cultura organizacional.

Un compromiso activo con la seguridad proporciona muchos beneficios, tanto para la empresa como para los empleados. Por ejemplo, a nivel del empleado, puede proporcionar una mejora de la moral y el compromiso de los trabajadores, que se sienten seguros y valorados, y esto deriva en que se sientan más motivados y comprometidos con su trabajo y la organización.

A nivel de la empresa, se pueden resaltar dos grandes beneficios empresariales:

Reducción de costes.
- La prevención eficaz de accidentes reduce los costes asociados a bajas laborales, litigios y/o indemnizaciones, además de mejorar la productividad general de la organización.

Mejora de la imagen corporativa.
- Las empresas que se preocupan por la seguridad de sus trabajadores suelen ser vistas con mejor reputación por el público y dentro del propio sector, lo que puede traducirse en ventajas competitivas.

Y ¿quién debe ocuparse de realizar la actividad de prevención de riesgos laborales? El empresario y las instituciones públicas tienen el deber de proteger a los trabajadores frente a los riesgos laborales.

Existen entidades especializadas para llevar a cabo la prevención de riesgos laborales y la formación. Estas entidades deben ser acreditadas por la autoridad laboral, que será única y con validez en todo el territorio español, mediante la comprobación de que reúnen los requisitos que se establezcan reglamentariamente y previa aprobación de la autoridad sanitaria en cuanto a los aspectos de carácter sanitario.

Los técnicos de prevención, en los cursos de formación, son los que dan las pautas de actuación en riesgos laborales según el sector y las diferentes actividades dentro de la empresa.

Sin embargo, dependiendo de algunas características de la empresa, la ley designa algunas alternativas referentes a la organización en la implementación de los servicios de prevención en la empresa.

Por ejemplo, en la Ley 31/1995, de 8 de noviembre, de Prevención de Riesgos Laborales, en su capítulo IV, Servicios de Prevención, artículo 30, Protección y Prevención de Riesgos Profesionales, punto 5, dice así:

5. En las empresas de menos de seis trabajadores, el empresario podrá asumir personalmente las funciones señaladas en el apartado 1, siempre que desarrolle de forma habitual su actividad en el centro de trabajo y tenga la capacidad necesaria, en función de los riesgos a que estén expuestos los trabajadores y la peligrosidad de las actividades, con el alcance que se determine en las disposiciones a que se refiere la letra e) del apartado 1 del artículo 6 de la presente Ley.

Será necesario que la empresa obtenga un conocimiento real de la Ley de Prevención para tomar las decisiones más acordes a las necesidades de su empresa y sus trabajadores.

SABÍAS QUE...

Existe una Guía de Evaluación de Riesgos Laborales específica para empresas funerarias. Está elaborada por técnicos del Instituto Nacional de Seguridad e Higiene en el trabajo, y regulada por el Ministerio de Trabajo y Asuntos Sociales.

---

3. Reglamento de Policía Sanitaria Mortuoria

 HILO CONDUCTOR

Toda persona que se mueva en el ámbito laboral funerario debe saber que la ley que regula la profesión es el Reglamento de Policía Sanitaria Mortuoria. Conocer sus normas es vital para realizar una actividad legal correcta y minimizar riesgos sanitarios. Cuando Gustavo realizó su formación funeraria, el conocimiento de la ley fue una de las primeras cosas que tuvo que aprender y así se lo recalcaron en su formación.

El Reglamento de Policía Sanitaria Mortuoria es una herramienta clave dentro del marco regulador de los servicios funerarios. Establece normas que aseguran que todas las prácticas relativas al manejo de restos humanos en el ámbito de servicios funerarios se realicen con el máximo respeto y con las normativas sanitarias adecuadas. Tiene como propósito primordial garantizar que las actividades funerarias se lleven a cabo con seguridad sanitaria.

La importancia del Reglamento de Policía Sanitaria Mortuoria radica en su capacidad para proteger la salud pública, prevenir la propagación de enfermedades y asegurar un tratamiento digno y respetuoso de los cadáveres. Al igual que la normativa de prevención de riesgos laborales, este reglamento busca minimizar los riesgos inherentes en el manejo de restos humanos mediante la implementación de procedimientos estandarizados y regularizados.

Esta normativa es esencial, especialmente en situaciones de emergencia sanitaria o catástrofes naturales, donde el manejo de los cuerpos debe realizarse con una disciplina rigurosa.

El reglamento abarca varias directrices fundamentales, que van desde las condiciones de transporte y almacenamiento de cadáveres hasta las especificaciones arquitectónicas y sanitarias para cementerios, crematorios y salas de velación.

Podemos encontrar, a nivel estatal, el Reglamento de Sanidad Mortuoria en el Decreto 2263/1974, de 20 de julio. Sin embargo, los diferentes aspectos legales vinculados a la sanidad mortuoria son competencia de las comunidades autónomas.

NOTA

El 24 de julio de 2018 se aprobó, en la comisión de salud pública, una guía de consenso sobre sanidad mortuoria que sirve de referencia a las comunidades autónomas y a la Administración General del Estado. Además, en julio de 2025, ha sido publicada la 2.ª guía de consenso sobre sanidad mortuoria aprobada por el consejo interterritorial del sistema nacional de salud.

Para el profesional funerario será fundamental el conocimiento específico de dicha regulación para un desarrollo adecuado de los servicios y el cumplimiento de la ley sanitaria.

Uno de los componentes cruciales de este reglamento es su enfoque en la consideración de la salud pública, ya que busca evitar que los cadáveres se conviertan en una fuente de agentes patógenos. Para esto, se imponen directrices sobre incineración e inhumación que preventivamente limitan la contaminación del suelo y cuerpos de agua cercanos. Además, especifican las prácticas a seguir durante brotes epidémicos y pandemias, donde el riesgo de contaminación es elevado.

Podemos destacar algunas normas generales del reglamento:

Protocolos de manejo y conservación	- Establece criterios y métodos para el manejo adecuado de los cadáveres, incluyendo su conservación temporal en condiciones que impidan la descomposición rápida y la emisión de agentes contaminantes. - Regula el manejo de los cadáveres clasificándolos por grupos.
Transporte de restos humanos	- Define las condiciones específicas bajo las cuales pueden ser transportados los cadáveres, asegurando que los vehículos utilizados cumplan con normas estrictas de higiene y seguridad.
Condiciones de cremación e inhumación	- Proporciona alineamientos para la correcta ejecución de cremaciones e inhumaciones, incluyendo las características del material a utilizar en urnas y ataúdes, además de asegurar el cumplimiento de tiempos y procedimientos.
Aspectos legales y administrativos	- El Reglamento de Policía Sanitaria Mortuoria también establece el marco legal que regula los permisos necesarios para la exhumación, traslado y disposición final de los restos. Las autoridades sanitarias son las encargadas de otorgar los permisos, asegurando que las operaciones se realicen según las leyes locales y nacionales. Este aspecto legal es fundamental para evitar conflictos legales posteriores, asegurando que todos los procesos estén respaldados por la normativa vigente.

3.1. Normativas Técnicas para Instalaciones Funerarias

Las instalaciones donde se llevan a cabo los servicios funerarios están sujetas a normas particulares para garantizar la funcionalidad adecuada y el cumplimiento de estándares sanitarios.

Los requerimientos para estas instalaciones incluyen:

Infraestructura de cementerios y tanatorios	- Especificaciones sobre la ubicación, diseño y mantenimiento de los espacios, asegurando que la disposición final de los restos se realice en un entorno controlado que no comprometa el ecosistema local.
Cámaras y salas de velación	- Características y condiciones sanitarias requeridas para asegurar que dichas áreas estén adecuadamente adaptadas para el propósito de velación, garantizando comodidad y seguridad.
Crematorios	- Los crematorios deben cumplir con requerimientos especializados que incluyen sistemas de filtro para minimizar la emisión de contaminantes al ambiente y garantizar un proceso de cremación respetuoso.
Equipamiento y mobiliario	- Todos los elementos dispuestos para el manejo de los cadáveres, incluyendo camillas, urnas y sistemas de refrigeración, deben alinearse con las regulaciones y normativas estipuladas.

El personal empleado en los servicios funerarios debe estar capacitado continuamente en las prácticas derivadas de este reglamento.

Cursos y talleres sobre manejo de riesgo biológico, conocimiento funerario pluricultural y salud ocupacional son fundamentales para asegurar que los empleados no solo desempeñen sus funciones efectivamente, sino también con un profundo respeto hacia quienes han perdido a un ser querido.

NOTA

Una correcta aplicación del reglamento tiene como base la educación y concienciación de todos sus participantes.

El entendimiento cabal y profundo de estas normativas es absolutamente fundamental para todos los profesionales involucrados en el sector funerario, que buscan garantizar una operación ética, segura y respetuosa, acatando tanto las expectativas legales como los deseos familiares y culturales de aquellos a quienes sirven.

 RECUERDA

El Reglamento de Policía Sanitaria Mortuoria es una pieza esencial dentro de la gestión de servicios funerarios, y proporciona la dirección necesaria para operar con efectividad sanitaria. Su correcta aplicación protege tanto a la comunidad como al ambiente.

 ACTIVIDAD COMPLEMENTARIA

4. Busca la ley estatal del Reglamento de Sanidad Mortuoria en el Decreto 2263/1974, de 20 de julio, y describe la clasificación por grupos de los cadáveres y sus características.

4. Normativa de protección de datos

 HILO CONDUCTOR

Gustavo, al final del día, maneja mucha información personal.

Y no solo información de datos identificativos, sino que también en algunos documentos aparecen datos de información muy sensible, como motivos de fallecimiento. Gustavo debe tratar los datos de una manera específica y, ante todo, con mucho rigor de protección y secreto profesional.

La normativa de protección de datos en el ámbito de los servicios funerarios es un componente esencial para asegurar la gestión adecuada y responsable de la información personal y sensible que se maneja en este sector. En un contexto donde cada vez más se manejan datos digitales, la protección de la privacidad de los clientes y sus familias demanda atención cuidadosa, tanto para cumplir con la legislación vigente como para mantener la confianza de los clientes.

La protección de datos personales es el conjunto de medidas legales y técnicas destinadas a salvaguardar la privacidad de las personas físicas respecto al tratamiento de sus datos. En el contexto de la prestación de servicios funerarios, estos datos pueden incluir información personal del fallecido, así como de sus familiares, tales como nombres, direcciones, identificaciones, información sanitaria y preferencias religiosas, éticas o personales.

Esto hace que la normativa de protección de datos sea crucial para evitar usos indebidos o accesos no autorizados.

A nivel internacional, la Regulación General de Protección de Datos (GDPR, por sus siglas en inglés) de la Unión Europea es una de las normativas más importantes, que muchas jurisdicciones han seguido como modelo. Este reglamento rige el tratamiento de datos personales y su libre circulación, destacando principios como la transparencia, finalidad legítima, minimización de datos, exactitud, limitación del plazo de conservación, integridad, confidencialidad y responsabilidad.

En muchos países, la normativa propia se ha alineado con estas directrices, estableciendo leyes y regulaciones que, de manera local, dictan cómo se deben tratar esos datos y los derechos que asisten a los titulares de los mismos. En el caso de España, por ejemplo, la Ley Orgánica de Protección de Datos (LOPD) está en vigor para armonizar sus normas nacionales con el GDPR.

 **PARA SABER MÁS**

Puedes acceder a la web de la Agencia Española de Protección de Datos para obtener más información:

https://redirectoronline.com/mf20090401

Continúa en página siguiente >>

<< Viene de página anterior

Agencia Española de Protección de Datos

Los usuarios tienen una serie de derechos adquiridos por ley, de los cuales se les debe de informar a la hora de la recogida de los datos.

Algunos de los derechos básicos se pueden clasificar en tres apartados:

1. **Consentimiento y derechos de los interesados.** Una base fundamental del tratamiento legítimo de los datos personales es el consentimiento informado de los interesados. Para obtener dicho consentimiento, las empresas deben proporcionar información clara sobre la finalidad del tratamiento de los datos, así como sobre los derechos de los titulares, que incluyen el acceso, rectificación, cancelación, oposición, limitación y portabilidad de los datos.
2. **Derecho de información.** Es esencial que a los interesados se les informe de manera adecuada sobre quién es el responsable de sus datos, con qué finalidad y durante cuánto tiempo serán tratados, así como quién más podría tener acceso a los mismos.
3. **Derecho al olvido.** Además de los derechos tradicionales de protección de datos, en la era digital se añade el derecho al olvido. Esto permite que los datos personales sean borrados a solicitud del interesado cuando ya no sean necesarios para las finalidades para las cuales fueron recopilados.

4.1. Tramitación de datos en la empresa

Durante la prestación de servicios fúnebres se recopila mucha información sensible, necesaria para cumplir con las obligaciones contractuales, legales y familiares.

Las empresas deben garantizar que los datos recopilados sean estrictamente los necesarios para los fines previstos. Esta minimización de datos significa que no se debe solicitar más información de la necesaria ni retenerla por más tiempo del permitido.

Un punto muy importante del deber de la empresa es el de confidencialidad. La Ley Orgánica 3/2018, de 5 de diciembre, de Protección de Datos Personales y Garantía de los Derechos Digitales recoge la confidencialidad expresamente en su título II, Principios de Protección de Datos:

Artículo 5. Deber de confidencialidad.

1. *Los responsables y encargados del tratamiento de datos así como todas las personas que intervengan en cualquier fase de este estarán sujetas al deber de confidencialidad al que se refiere el artículo 5.1.f) del Reglamento (UE) 2016/679.*
2. *La obligación general señalada en el apartado anterior será complementaria de los deberes de secreto profesional de conformidad con su normativa aplicable.*
3. *Las obligaciones establecidas en los apartados anteriores se mantendrán aun cuando hubiese finalizado la relación del obligado con el responsable o encargado del tratamiento.*

IMPORTANTE

La normativa vigente de protección de datos establece principios de limitación de plazos de conservación de los mismos, que deben ser suprimidos o destruidos cuando hayan dejado de ser necesarios o pertinentes para la finalidad inicial.

Sin embargo, se podrán conservar durante el periodo de tiempo en que pudieran ser exigibles por algún tipo de responsabilidad legal, pero estos datos deberán de permanecer bloqueados (ver periodos de tiempo en normativa GDPR, artículo 18, Derecho a la Limitación del Tratamiento).

Las empresas de servicios funerarios han de implementar políticas rigurosas de privacidad para asegurar que todos los datos personales sean tratados conforme a la ley y que la dignidad y confidencialidad de las personas implicadas sean respetadas.

Esto es fundamental no solo por el cumplimiento normativo, sino también por el amplio acceso que estas empresas tienen a información personal.

Las medidas técnicas y organizativas para proteger los datos personales de accesos no autorizados, así como de pérdida o destrucción accidental, son otro pilar de la normativa de protección de datos. En servicios funerarios, esto implica garantizar que tanto los registros físicos como los digitales estén adecuadamente protegidos mediante el uso de tecnologías de cifrado, control de accesos y políticas claras de gestión de riesgos.

Si se produce una violación de seguridad que implique la pérdida, el acceso no autorizado o la alteración de datos personales, la empresa está obligada a notificar a la autoridad competente y, cuando proceda, a los individuos afectados, todo ello dentro de un plazo predefinido para mitigar cualquier posible daño.

Es vital que la empresa tome medidas internas para proteger los datos de sus clientes como, por ejemplo, incluir cláusulas específicas y políticas de confidencialidad y protección de datos en los contratos tanto con los empleados como con terceros que pudieran acceder a los datos en el desempeño de sus funciones.

Los contratos con proveedores de servicios también deben reflejar las obligaciones del prestador respecto a la protección de datos, ofreciendo un nivel adecuado de seguridad y cumpliendo con la normativa aplicable.

 **NOTA**

Más allá de la mera conformidad legal, existe una dimensión ética en la protección de datos. Los servicios funerarios se hallan en un punto crítico en la vida de las personas y requieren un manejo de datos que refleje no solo obligación legal, sino compromiso moral con la dignidad y el respeto.

Implementar una cultura de protección de datos dentro de las organizaciones ayuda a reforzar la confianza de los clientes y a fomentar prácticas responsables que respeten profundamente la sensibilidad del trabajo realizado.

Las organizaciones deben adoptar una filosofía de privacidad desde el diseño, asegurando que la protección de datos sea un componente central de su modelo de negocios. La atención a estos principios garantizará no solo el cumplimiento normativo, sino también una aproximación ética que valora y respeta los derechos fundamentales de todos los involucrados.

SABÍAS QUE...

La Ley Orgánica de Protección de Datos Personales y Garantía de los Derechos Digitales establece un determinado tipo de sanción, atendiendo a la gravedad de los hechos o del incumplimiento. Se califican las infracciones como muy graves, graves y leves, extendiéndose a sanciones de: leves = de 601,01 € a 60.101,24 €; graves = de 60.101,24 € a 300.506,05 €; y muy graves = de 300.506,05 € a 601.012,10 €.

 APLICACIÓN PRÁCTICA

Imagina que ya te encuentras trabajando en la funeraria de tu localidad como agente funerario y te dan un aviso de recogida judicial. Al trasladarte al lugar del suceso observas que se trata de un suicidio en plena calle principal del municipio.

Son las 12:00 horas del mediodía y la calle se encuentra abarrotada de gente curiosa que quiere saber de lo sucedido. El impacto social del suceso es tan mediático que sale publicado en los medios de comunicación y prensa, tanto el mismo día como en los días posteriores.

Tu entorno cercano sabe que trabajas en la funeraria de la localidad y no paran de preguntarte por el suceso, para que les cuentes con detalle lo sucedido y el estado del fallecido.

1. **¿Cómo gestionamos esta situación?**
2. **¿Qué explicaciones das a tu entorno de confianza que te pregunta por el servicio realizado?**
3. **¿Les proporcionas alguna información, ya que se trata de personas de tu confianza?**

Solución

1. Debemos gestionar la situación ante todo de una manera profesional y ética. Es normal que la gente sienta curiosidad por un caso mediatico, pero tú, ante todo, eres profesional y sabes que tienes una serie de códigos profesionales y morales que no te puedes saltar.

Continúa en página siguiente >>

<< Viene de página anterior

2. Con tacto y profesionalismo simplemente puedes explicar que debes respetar el secreto profesional y que no puedes proporcionar ningún dato o información.

3. No proporcionaré ninguna información de la cual tenga conocimiento por causa de mi actividad profesional. Aparte de por ética, soy consciente de que dicho acto de revelación de información por mi profesión está recogido en el código penal y en la ley de protección de datos, y que llega a tener sanciones tanto para mí a título personal como para la empresa.

5. Normativa sobre registro civil

El registro civil es un sistema organizado por las autoridades gubernamentales para mantener un registro oficial y legalmente reconocido de estos actos vitales de las personas, como nacimientos, matrimonios, defunciones, divorcios, adopciones y reconocimientos de paternidad.

Su función principal es mantener un registro oficial y legal de estos eventos para que queden constancias formales y puedan ser utilizados en trámites administrativos, legales y judiciales. La inscripción en el registro civil confiere a estos eventos un carácter oficial y probatorio, ya que se convierten en datos certificados por una autoridad competente.

La **Ley 20/2011, de 21 de julio, del Registro Civil** es accesible para todos los ciudadanos. En su articulado se definen el objetivo de la ley, su ámbito de aplicación y su contenido.

Vamos a destacar algunos de ellos para comprender un poco más cuál es su objetivo. En el capítulo I de sus disposiciones generales, dedicado a su naturaleza, contenido y competencias del registro civil, podemos observar:

Artículo 1. Objeto de la Ley

La presente Ley tiene por objeto la ordenación jurídica del Registro Civil. En particular, tiene como finalidad regular la organización, dirección y funcionamiento del Registro Civil, el acceso de los hechos y actos que se hacen constar en el mismo y la publicidad y los efectos que se otorgan a su contenido.

Artículo 2. Naturaleza y contenido del Registro Civil

1. El Registro Civil es un registro público dependiente del Ministerio de Justicia. Todos los asuntos referentes al Registro Civil están encomendados a la Dirección General de los Registros y del Notariado. Los Encargados del Registro Civil deben cumplir las órdenes, instrucciones, resoluciones y circulares del Ministerio de Justicia y de la Dirección General de los Registros y del Notariado.
2. El Registro Civil tiene por objeto hacer constar oficialmente los hechos y actos que se refieren al estado civil de las personas y aquellos otros que determine la presente Ley.
3. El contenido del Registro Civil está integrado por el conjunto de registros individuales de las personas físicas y por el resto de las inscripciones que se practiquen en el mismo conforme a lo previsto en la presente Ley.

Artículo 3. Elementos definitorios del Registro Civil

1. El Registro Civil es único para toda España.
2. El Registro Civil es electrónico. Los datos serán objeto de tratamiento automatizado y se integrarán en una base de datos única cuya estructura, organización y funcionamiento es competencia del Ministerio de Justicia conforme a la presente Ley y a sus normas de desarrollo.
3. Serán de aplicación al Registro Civil las medidas de seguridad establecidas en la normativa vigente en materia de protección de datos de carácter personal.

Artículo 4. Hechos y actos inscribibles

Tienen acceso al Registro Civil los hechos y actos que se refieren a la identidad, estado civil y demás circunstancias de la persona. Son, por tanto, inscribibles:

- 1.º El nacimiento.
- 2.º La filiación.
- 3.º El nombre y los apellidos y sus cambios.
- 4.º El sexo y el cambio de sexo.
- 5.º La nacionalidad y la vecindad civil.
- 6.º La emancipación y el beneficio de la mayor edad.
- 7.º El matrimonio. La separación, nulidad y divorcio.
- 8.º El régimen económico matrimonial legal o pactado.
- 9.º Las relaciones paterno-filiales y sus modificaciones.
- 10.º Los poderes y mandatos preventivos, la propuesta de nombramiento de curador y las medidas de apoyo previstas por una persona respecto de sí misma o de sus bienes.
- 11.º Las resoluciones judiciales dictadas en procedimientos de provisión de medidas judiciales de apoyo a personas con discapacidad.
- 12.º Los actos relativos a la constitución y régimen del patrimonio protegido de las personas con discapacidad.
- 13.º La tutela del menor y la defensa judicial del menor emancipado.
- 14.º Las declaraciones de concurso de las personas físicas y la intervención o suspensión de sus facultades.
- 15.º Las declaraciones de ausencia y fallecimiento.
- 16.º La defunción.

Artículo 5. Registro individual

1. *Cada persona tendrá un registro individual en el que constarán los hechos y actos relativos a la identidad, estado civil y demás circunstancias en los términos de la presente Ley.*
2. *El registro individual se abrirá con la inscripción de nacimiento o con el primer asiento que se practique.*
3. *En dicho registro se inscribirán o anotarán, continuada, sucesiva y crono- lógicamente, todos los hechos y actos que tengan acceso al Registro Civil.*

Artículo 6. Código personal

A cada registro individual abierto con el primer asiento que se practique se le asignará un código personal constituido por la secuencia alfanumérica generada por el Registro Civil, que será única e invariable en el tiempo.

Referente a los fallecimientos y a la inscripción de la defunción en el correspondiente registro civil, podemos encontrar el artículo concreto en el capítulo tercero, Inscripción de la defunción:

- Artículo 62. Inscripción de la defunción.
- Artículo 63. Obligados a promover la inscripción de fallecimiento.
- Artículo 64. Comunicación de la defunción por los centros sanitarios.
- Artículo 65. Inscripción de la defunción por declaración de los obligados.
- Artículo 66. Certificado médico de defunción.
- Artículo 67. Supuestos especiales de inscripción de la defunción.

6. Resumen

La normativa de prevención de riesgos laborales es un componente esencial en la gestión eficaz de los servicios funerarios. Su correcta aplicación no solo promueve la salud y seguridad de los trabajadores, sino que también mejora el desempeño y la reputación de la organización. Cada vez más, las empresas consideran la seguridad laboral como un valor central de su identidad corporativa, e invierten en crear entornos laborales sostenibles y responsables.

El Reglamento de Policía Sanitaria Mortuoria es vital en los servicios funerarios, y su conocimiento por los profesionales del sector es algo básico. Sus normas se dirigen hacia la seguridad sanitaria y proteger la salud pública.

La normativa de protección de datos tiene una relevancia cada vez mayor. En un mundo donde la gestión de datos personales es crítica, los servicios funerarios no son la excepción. El manejo adecuado y confidencial de la información del fallecido y de sus familiares es un aspecto que debe ser tratado con absoluta seriedad. La privacidad y el respeto a los datos personales son principios ineludibles que defienden la dignidad de las personas en sus momentos más vulnerables.

La normativa sobre registro civil se erige como fundamental en la legitimación de las actividades funerarias. El cumplimiento de las disposiciones sobre el oportuno registro y documentación de nacimientos, defunciones y otros actos de vida es indispensable para asegurar la legalidad de los procedimientos llevados a cabo en este sector.

La combinación de estas normativas, cada una con su propio enfoque y área de aplicación, asegura un marco operativo que no solo protege a los profesionales del sector, sino que también garantiza el respeto y la dignidad en el tratamiento de los fallecidos y sus familias. El impacto de estas regulaciones es profundo, no solo desde una perspectiva legal o sanitaria, sino también ética y social. Ello demanda de los profesionales del sector un conocimiento sólido no solo en contenido, sino también en aplicación práctica.

Ejercicios de autoevaluación
Unidad de Aprendizaje 4

1. ¿Qué cuatro normativas son intervinientes por diferentes razones en los servicios funerarios?

   _____
   _____
   _____
   _____

2. La Ley que regula la prevención de riesgos laborales es:

   a. Ley 31/1995, de 8 de noviembre
   b. Ley 2263/1974, de 20 de julio
   c. Ley 3/2018, de 5 de diciembre
   d. Ley 20/2011, de 21 de julio

3. La Ley de Prevención de Riesgos Laborales implementa una serie de medidas y controles. ¿En qué se basan dichas medidas?

   a. En la planificación y gestión de la seguridad laboral
   b. En la evaluación de riesgos
   c. En la supervisión y revisión continua
   d. Todas las opciones son correctas.

4. Indica si las siguientes oraciones sobre los tipos de riesgos en el sector funerario son verdaderas o falsas:

   a. El contacto con cadáveres puede representar un riesgo de exposición a agentes patógenos.

      ■ Verdadero
      ■ Falso

   b. Algunos productos utilizados en la preparación de los cadáveres, como formaldehído u otros agentes de embalsamamiento, son químicos que presentan riesgos para la salud.

      ■ Verdadero
      ■ Falso

    c. El trabajo en el sector funerario tiene una baja implicación de estrés emocional.

- Verdadero
- Falso

5. Algunas de las instalaciones funerarias que regula la Ley de Policía Sanitaria Mortuoria son:

    a. Cámaras y salas de velatorio
    b. Crematorios
    c. Bares y restaurantes dentro de tanatorios
    d. Las opciones a y b son correctas.

6. Indica algunas normas que pretende regular la Ley de Policía Sanitaria Mortuoria:

_____
_____
_____
_____

7. Indica qué opción no es correcta referente a la Ley de Protección de Datos:

    a. En España está implantada la Ley Orgánica de Protección de Datos Personales y Garantía de los Derechos Digitales (LOPDPGDD).
    b. A nivel internacional, la Regulación General de Protección de Datos de la Unión Europea es una de las normativas más importantes.
    c. Su función radica en la inscripción y validación de hechos vitales que afectan la vida de las personas.
    d. Todas las opciones son incorrectas.

8. Relaciona la descripción adecuada asociada a los derechos básicos adquiridos por ley:

    a. Consentimiento
    b. Derecho de información
    c. Derecho al olvido

— Los datos pueden ser borrados a solicitud del interesado cuando ya no sean necesarios.

— Los interesados deben estar informados sobre quién es el responsable de sus datos.

— Las empresas tienen que proporcionar información sobre la finalidad del tratamiento de los datos para que el usuario pueda dar el consentimiento.

9. Indica si las siguientes oraciones sobre la tramitación de datos en la empresa son verdaderas o falsas:

a. Las empresas deben garantizar que los datos recopilados sean estrictamente los necesarios para los fines previstos.

■ Verdadero
■ Falso

b. La normativa actual de protección de datos no establece principios de limitación de plazos de conservación de los datos.

■ Verdadero
■ Falso

c. La Ley Orgánica 3/2018, de 5 de diciembre, de Protección de Datos Personales y Garantía de los Derechos Digitales recoge la confidencialidad expresamente en su título II, Principios de Protección de Datos, artículo 5.

■ Verdadero
■ Falso

10. Indica seis hechos y actos inscribibles en el registro civil:

_____
_____
_____
_____
_____
_____
_____
_____

Glosario

Cadáver
El cuerpo muerto de una persona.

Capilla ardiente
Sala de velación en lugares públicos con alumbrado permanente por razón del sacramento. En ella se expone el cadáver a la atención o veneración. Normalmente para muertes de personajes públicos.

Esquela pasquín
Es un tipo de esquela empleado para anunciar el fallecimiento de una persona. Se coloca en lugares públicos.

Fallecido
Persona que ha perdido la vida.

Funeraria
Empresa que presta los servicios de manipulación y acondicionamiento de cadáveres y transporte de los mismos, junto con el suministro de bienes y servicios complementarios para dichos fines.

Féretro
Caja con la que se entierra a los difuntos.

Inhumación
Entierro de los restos mortales de una persona.

Liturgia
Es la forma con que se llevan a cabo las ceremonias en una religión o en alguna otra organización similar.

Licencia de enterramiento
Permiso para enterrar a un cadáver.

Normativa de policía sanitaria mortuoria

Es la regulación de toda clase de prácticas sanitarias en relación con cadáveres y la obtención de órganos, tejidos y otras piezas anatómicas que no tengan fines terapéuticos, así como el tratamiento de los restos cadavéricos; requisitos técnico-sanitarios que deben cumplir las empresas, instalaciones y servicios funerarios; normas técnico-sanitarias que han de cumplir los cementerios, así como los demás lugares de enterramiento autorizados; control y vigilancia sobre las empresas funerarias, tanatorios, crematorios, cementerios y sus actividades respectivas, a efectos de comprobar el cumplimiento de las especificaciones establecidas.

Negligencia

Descuido, falta de cuidado, falta de aplicación.

Óbito

Fallecimiento de una persona.

Ornamental

Perteneciente o relativo a la ornamentación o adorno.

Post mortem

Después de la muerte.

Póstuma

Después de la muerte.

Repatriación

Proceso de devolver el cadáver a su lugar de origen o ciudadanía.

Recordatorio

Tarjeta o impreso breve en que se recuerda el fallecimiento de una persona.

Sepelio

Etapa final de un acto fúnebre y se refiere a la acción de enterrar o incinerar el cuerpo del fallecido.

Sepultura

Lugar en el que se entierra un cadáver.

Tanatorio

Edificio en el que son depositados los cadáveres durante las horas que preceden a su inhumación o cremación.

Velatorio

Reunión de los allegados y amigos de un difunto en las horas que siguen a su muerte y antes de la inhumación o cremación del cadáver.

Veraz

Que dice la verdad o que es información verdadera.

Bibliografía

Monografías

→ WEISS, B.: *Eliminar el estrés*. [s. l.]: Translation, 2014.

Este contenido nos guía de una manera fácil, con armonía y serenidad, con técnicas básicas y muy fáciles de poner en práctica en nuestro día a día.

→ GIMBERNAT Ordeig, E.: *Código Penal*. Madrid: Tecnos, 2023.

En este libro podemos encontrar los artículos correspondientes que regulan las penas sobre el secreto profesional a razón de sus relaciones laborales.

→ LÓPEZ Guerra, L.: *Constitución Española*. Madrid: Tecnos, 2023.

En este libro encontramos los artículos donde quedan reflejados que el estado tiene competencia sobre las materias de legislación laboral y su ejecución transmitida por los organismos de las Comunidades Autónomas.

Textos electrónicos, bases de datos y programas informáticos

→ Trámites legales registro civil, de:
<https://www.registrocivil.es/inscripciones/inscripciones-de-defuncion/>.

En este enlace se puede visualizar el trámite de inscripción de la defunción en el registro civil.